JN415724

AI와 홀로그램

인공지능총서

인공지능 시대입니다. 기계가 인간의 인지를 대신하고, 사물이 인간을 통하지 않고 다른 사물과 직접 커뮤니케이션합니다. 이에 따른 인간 삶과 문명 변화를 정확히 이해·예측·대응하는 것은 이 시대 우리 모두의 과제입니다. 인공지능총서는 인공지능 기술과 환경의 여러 주제를 10가지 키워드로 정리합니다. 관련 개념과 이론, 학계와 산업계의 쟁점, 우리 일상의 변화를 다룹니다. 인간과 기술의 현재, 미래를 세심히 분석합니다.

일러두기

- 인명, 작품명, 저서명, 개념어 등은 한글과 함께 괄호 안에 해당 국가의 원어를 병기했습니다.
- 외래어 표기는 현행 어문규정의 외래어표기법을 따랐습니다. 다만 '딥러닝', '딥페이크' 등은 관행을 따랐습니다.

처음이세요?

전문가세요?

지금, 큐알 찍으면

- 🎁 AI 입문서 바로 선물
- 📚 당신만의 필독서 추천
- 📖 500권 요약본 공짜
- 🎧 오디오북 무료 사용

AI와 홀로그램

이승현·황이환

대한민국, 서울, 커뮤니케이션북스, 2025

AI와 홀로그램

지은이 이승현·황이환
펴낸이 박영률

초판 1쇄 펴낸날 2025년 9월 10일

커뮤니케이션북스(주)
출판 등록 2007년 8월 17일 제313-2007-000166호
02880 서울시 성북구 성북로 5-11
전화(02) 7474 001, 팩스(02) 736 5047
commbooks@commbooks.com
www.commbooks.com

ISBN 979-11-430-0855-8 03500

책값은 뒤표지에 표시되어 있습니다.

차례

AI와 미래의 영상, 홀로그램

실감 콘텐츠와 기술 혁명의 필연적 교차점

21세기 미디어 환경은 '실시간 상호작용'과 '몰입'이라는 두 축을 중심으로 재편되고 있다. 스마트폰과 초고속 네트워크가 일상을 장악한 이후, 사용자는 더 짧은 시간 안에 더 풍부한 감각적 경험을 갈망하게 되었다. 이에 따라 증강현실, 가상현실, 홀로그램, 디지털 트윈 같은 실감 콘텐츠 기술이 주류로 편입되었고, 이제는 단순한 시청각 자극을 넘어 인간의 감정, 행동, 인지까지 포괄하는 '총체적 경험 시장'이 본격적으로 태동하고 있다. 이러한 변화는 일시적인 유행이 아니라 산업, 문화, 교육, 의료, 엔터테인먼트 전반의 패러다임을 바꾸는 구조적 흐름으로 해석되어야 한다. 홀로그램 기술은 이 실감 콘텐츠 흐름의 중심에서 중요한 위치를 차지하고 있다. 과거에는 전시나 퍼포먼스에서 사용되는 시각적 장치에 머물렀지만, 이제는 상호작용성과 몰입도를 극대화할 수 있는 핵심 인터페이스로 주목받는다. 특히 AI 기술과의 결합은 홀로그램 기술이 실질적 도약을 맞이하게 된 결정적 계기로 작용한다. 기술 혁신의 속도가 기하급수적으로 증가하는 현시점에서, 전통적인 제작 · 유통 체계를 고수하는 기업과 창작자는 곧바로 도태 위험에 직면한다. 반대로 새로운 실감 생태계를 이해하고 준비하는 이들은 산업 전반의 규칙을 다시 작성할 기회를 얻는다. 이 책은 거대한 전환점에서 홀로그램 기술이 왜 결정적 역할을 수행하게 되었는지, 그리고 AI가 그 가속도의 실질적 엔진으로 어떻게 기능하고 있는지를 소방한다. 먼저 '왜 지금 실감 콘텐츠인가'라는 질문에 대한 답을 제시하고, 이 책이 다루는 다차원적 논의의 전체 구도를 개괄하고자 한다.

홀로그램 기술의 진화와 현재

홀로그램의 역사는 1947년 헝가리 출신의 물리학자 데니스 가보르(Dennis Gábor)가 제안한 '파동 간섭 기록 기술'에서 비롯한다. 당시에는 일관된 레이저 광원이 존재하지 않아 실험적 제약이 있었지만, 1960년대 초반 레이저의 발명으로 실질적인 홀로그램 구현이 가능해졌다. 이후 1980~1990년대에 감광재와 광학 부품 기술이 발전하면서 홀로그램은 예술과 광고 분야에서 제한적으로 활용되었으며, 일부 산업 응용이 시도되기도 했다.

그러나 고정식 플레이트 사용과 복잡한 화학 처리 과정은 홀로그램 기술의 대중화에 걸림돌로 작용했다. 21세기에 들어서면서 컴퓨터 생성 홀로그램(Computer Generated Hologram, CGH), 공간광 변조기(Spatial Light Modulator, SLM), 고속 렌더링 알고리즘 등의 디지털 기술이 결합되며 홀로그램은 새로운 국면을 맞이한다. 오늘날에는 실시간 렌더링, 디지털 인터페이스, 네트워크 전송 기술 등이 결합되어 교육, 공연, 의료, 원격 회의, 마케팅 등 다양한 분야에서 실제 활용이 확산되고 있다. 그럼에도 홀로그램 기술은 여전히 해결해야 할 문제들을 안고 있다. 고해상도 구현의 한계, 대용량 데이터 처리의 부담, 시야각 제약, 제작 및 장비 비용 등의 기술적 과제는 상용화에 장벽으로 작용하고 있다.

AI와 홀로그램의 융합

AI 기술은 홀로그램 제작, 감상, 유통 방식 전반에 혁신을 가져오고 있다. 생성형 AI는 스토리 아이디어 발굴, 캐릭터 모델링, 배경 텍스처 디자인, 음향 설계 등 콘텐츠의 주요 자산을 자동으로 생성하거나 보정할 수 있게 한다. 머신러닝 기반 깊이 예측 알고리즘은 2D 영상을 기반으로 3D 포인트클라우드를 생성하고, 이를 다시 홀로그램 데이터로 전환하는 과정을 단시간 내에 수행한다. 또한 AI 기반 최적화 알고리즘은 복잡한 홀로그램 데이터를 자동 조정해 제한된 하드웨어 환경에서도 고품질 콘텐츠를 구현할 수 있게 한다. 관객 인터랙션 영역에서도 AI의 역할은 점차 확대되고 있다. 실시간 감정 분석, 동작 인식, 자연어 처리 기술은 관객의 입력에 즉시 반응하는 적응형 콘텐츠를 구현하는 데 기여하고 있다. 이는 콘텐츠 소비자가 단순 수용자에서 능동적 참여자, 나아가 공동 창작자로 변화하는 중요한 전환점을 의미한다. 이러한 기술들은 콘텐츠 제작의 속도, 품질, 몰입이라는 세 가지 요소를 동시에 충족할 수 있게 하며, 기존 제작 방식의 패러다임을 근본적으로 바꾸고 있다. 더 나아가 창작자의 상상력 확장과 제작 비용 절감이라는 상충되는 목표를 동시에 실현할 수 있게 하는 현실적 대안을 제시한다. 요컨대 AI와 홀로그램의 융합은 단순한 기술 혁신이 아니라 창작 철학과 콘텐츠 전략의 전환이다.

홀로그램을 둘러싼 산업·사회·윤리적 도전과 과제

홀로그램과 AI의 융합은 혁신적 가능성과 복합적 사회적 · 윤리적 과제를 함께 내포한다. 첫째, 콘텐츠의 진위성 문제가 심각하게 대두되고 있다. AI 합성 기술은 고품질의 가짜 영상과 음성을 손쉽게 생성할 수 있게 해 저작권 침해는 물론 딥페이크 범죄의 가능성을 높이고 있다. 둘째, 데이터 편향과 프라이버시 침해 문제도 발생하고 있다. 사용자 행동 데이터를 수집하고 학습해 최적화하는 과정에서 개인정보 보호와 알고리즘의 공정성 확보는 매우 중요한 과제다. 셋째, 홀로그램 구현을 위한 고가 장비와 대용량 네트워크, 높은 전력 소비는 기술의 지속 가능성 측면에서 산업적 장벽으로 작용하고 있다. 넷째, AI에 의해 점점 더 많은 반복 업무가 대체되면서 기존 전문 인력의 재교육과 고용 구조 재편이 시급하게 요구되고 있다. 이에 따라 세계 각국은 AI 윤리 가이드라인, 투명성 보고서 제출 제도, 규제 샌드박스, 데이터 거버넌스 프레임워크 등을 마련하며 기술 혁신과 사회적 안전망 간의 균형을 모색하고 있다. 이러한 복합적인 이슈들을 산업적 · 정책적 · 문화적 관점에서 통합적으로 조망하고, 홀로그램 특유의 몰입감이 야기할 수 있는 심리적 부작용, 디지털 디바이드, 문화 다양성의 저해 문제를 구체적인 사례와 함께 분석할 필요가 있다. 아울러 기술 추진 과정에서 반드시 고려해야 할 윤리적 컴플라이언스와 지속 가능성 전략을 체계적으로 이해해야 한다.

이 책의 구성

이 책은 홀로그램 기술의 기초 이론부터 AI와의 융합, 그 응용과 미래 전략에 이르기까지 실감 콘텐츠 기술의 전 생애주기를 입체적으로 탐구한다. 단순한 기술 나열이나 사례 소개에 그치지 않고, 실제 산업 현장과 학문적 배경을 기반으로 각 기술이 기획, 제작, 유통, 소비, 규범의 관점에서 어떤 의미를 지니는지 심층적으로 분석한다. 또한 AI 기술이 홀로그램 콘텐츠 생태계의 구조를 어떻게 변화시키고 있는지를 다양한 사례와 이론을 통해 실증적으로 조망한다.

1장 "미래 영상 기술과 홀로그램"에서는 디지털 영상 기술이 진화하는 흐름 속에서 홀로그램 기술이 어떤 가능성과 한계를 지니며 등장했는지를 설명한다. 기존 2D 영상 기술을 넘어서는, 공간감과 몰입감에 기반한 새로운 콘텐츠 플랫폼이 왜 필요한지 서술하고, 홀로그램이 그 해답 중 하나로 떠오른 배경을 정리한다.

2장 "홀로그램의 탄생과 역사"는 홀로그램 기술이 어떻게 시작되었고 어떤 과정을 거쳐 현재에 이르렀는지 그 역사적 흐름을 설명한다. 가보르의 파동 간섭 이론에서 시작된 홀로그램 기술이 어떻게 레이저의 등장, 사진 기술의 융합, 디지털 전환을 거쳐 오늘날의 실감형 디스플레이 기술로 발전해 왔는지를 구체적으로 살펴본다.

3장 "홀로그램의 원리와 특성"에서는 간섭과 회절이라는 광학적 원리를 중심으로 홀로그램이 3차원 공간 정보를 어떻게 기록하고 재현하는지 상세히 해석한다. 또한 일반 영상 기술과 비교했을 때 홀로그램만이 지니는 '시점 변화', '실재감', '비접촉 인터페이스' 같은 특수성을 이론과 예시를 통해 설명한다.

4장 "홀로그램의 종류"는 아날로그 홀로그램과 디지털 홀로그램을 비롯해, 레이저 홀로그램, 레인보 홀로그램, 증강현실 기반 홀로그램, 디지털 휴먼 등 다양한 유형의 홀로그램 기술을 분류하고 각 기술이 사용되는 맥락과 구현 방식의 차이를 설명한다. 이 장은 기술 선택의 기준을 정립하는 데 중요한 역할을 한다.

5장 "아날로그에서 디지털로"는 홀로그램 기술의 전환점을 집중 조명한다. 수작업 중심의 광학 인쇄 방식에서 컴퓨터 생성 홀로그램, 공간광 변조기, AI 기반 렌더링 등 디지털 기반 고속·고정밀 구현 기술로 변화해 온 흐름을 분석하고, 이러한 전환이 콘텐츠 산업에서 어떤 함의를 띠는지 서술한다.

6장 "홀로그램 AI 콘텐츠 기획과 제작"에서는 AI 기술이 홀로그램 콘텐츠 기획 단계에서 어떻게 활용되는지 설명한다. 예를 들어 사용자 데이터 분석을 통한 인터랙션 설계, 생성형 AI를 활용한 가상 내러티브 구축, 콘텐츠 구조화 및 스토리보드 자동 생성 등의 기법을 사례 중심으로 소개한다.

7장 "AI와 디지털 홀로그램 기술"은 AI 기술이 홀로그램 구현 단계에 어떤 방식으로 관여하는지 구체적으로 기술한다. 예를 들어 디지털 홀로그램이 어떻게 딥러닝 기반 깊이 추론, 자동 최적화, 실시간 볼륨 렌더링, 에지 컴퓨팅(edge computing)을 활용한 실시간 스트리밍 기술 등 AI 기술의 내재화를 통해 실시간성과 몰입감을 획득했는지 그 과정을 설명한다.

8장 "홀로그램의 활용 분야"에서는 공연예술, 교육, 의료, 산업 디자인, 박물관, 리테일 마케팅, 원격 커뮤니케이션 등에서 홀로그램 기술이 어떻게 사용되고 있는지를 정리한다. 특히 팬데믹 이후 비대면 커뮤니케이션 수단으로 부상한 홀로그램 기술이 사회 전반에 어떤 영향을 미치고 있는지를 다룬다.

9장 "홀로그램 기술의 한계와 AI 해결점"은 고해상도 구현의 한계, 대용량 데이터 처리, 시야각 제한, 콘텐츠 자동 생성의 품질 문제 등 홀로그램 기술의 병목 요소들을 구체적으로 진단하고, AI 기술이 이에 대해 제안하는 해결책들을 분석한다. 기술적 해결뿐 아니라 윤리적 고려, 지속 가능성에 대한 고찰도 함께 이루어진다.

10장 "홀로그램의 미래"에서는 6G 기반 네트워크, 감각 확장 인터페이스, 디지털 트윈, 버추얼 휴먼, 뉴로모픽(neuromorphic) 연산 기술 등과의 융합을 통해 향후 홀로그램이 어떤 형태로 발전하게 될지 전망한다. 또한 글로벌 산업 구조의 변화, 콘텐츠 소비의 개인화, 규제 및 표준화 이슈 등을 다루며, 산업의 미래 전략 수립에 필요한 종합적 관점을 제시한다.

이 책은 변화하는 실감 콘텐츠 환경 속에서 독자가 기술과 창의성을 균형 있게 이해하고, 새로운 미디어의 미래를 준비하는 데 실질적인 전략을 수립할 수 있도록 돕는다. 각 장은 기초 이론, 사례 분석, 기술적 전망, 윤리적 고려를 유기적으로 연결하며, AI와 홀로그램이 단지 '보조 기술'이 아니라 '주도 기술'로 작동하고 있음을 설득력 있게 제시한다.

참고문헌

Dentsu(2024.10.31). Dentsu 2024 Immersive Media Survey Results.
https://www.dentsu.co.jp/en/news/release/2024/1031-010807.html

Gensler Research Institute & Immersive Experience Institute(2025.3). Evolving Immersive: The 2025 Immersive Entertainment & Culture Industry Report. https://www.gensler.com/gri/immersive-industry-report-2025

Global Market Insights(2025.2). Holographic Display Market Size, Growth Outlook 2025-2034. https://www.gminsights.com/industry-analysis/holographic-display-market

Liu, J. et al.(2023). Real-time holographic display based on dynamic scene reconstruction and rendering. *Optica Imaging Congress Technical Digest Series, DW5A.1.* https://doi.org/10.1364/3D.2023.DW5A.1

Yu, X. et al.(2025). On the use of deep learning for computer-generated holography. *iScience, 28*(5). https://doi.org/10.1016/j.isci.2025.112507

01
미래 영상 기술과 홀로그램

영상 기술은 초고해상도를 넘어 몰입감 중심으로 진화하고 있으며, 홀로그램은 이를 대표하는 핵심 기술로 부상하고 있다. 몰입형 콘텐츠의 기술 발전과 홀로그램의 융합 흐름을 다룬다.

AI와 1인 창업?

2D 영상의 한계와 초고해상도의 시대

디지털 영상 기술은 지난 수십 년간 눈부신 성장을 보여왔다. 초기 HD(High Definition, 고화질)의 시대를 거쳐 4K, 8K, 심지어 최근에는 16K까지 초고해상도가 등장하며 픽셀 밀도의 증가 속도는 상상을 초월할 정도로 빨라졌다. 이러한 초고해상도의 등장은 소비자들이 현실을 더욱 생생하게 느끼게 하는 데 큰 역할을 했다. 특히 스포츠 중계, 영화, 다큐멘터리와 같은 콘텐츠 분야에서 시청자는 초고해상도의 놀라운 현실감과 선명함을 직접 체감할 수 있게 되었다. 텍스처 하나하나가 살아 숨 쉬듯 생생하게 표현되며, 미세한 표정 변화와 움직임까지도 선명하게 포착할 수 있게 되었다. 이로 인해 영상 콘텐츠는 단순히 보는 것이 아니라 체험하는 영역으로 발전하기 시작했다. 하지만 이러한 초고해상도 시대는 이제 인간의 시력 한계라는 물리적 장벽에 부딪히고 있다. 이미 현재의 초고해상도 수준은 사람의 눈이 개별 픽셀을 구별할 수 있는 한계를 훨씬 넘어섰다. 사실상 현재 수준 이상의 해상도는 실제 사용자 체감상 거의 의미가 없다. 예를 들어 일부 전문가들은 8K 이상의 해상도는 일반적인 시청 거리에서는 사실상 구분할 수 없다고 평가한다. 소비자는 더 높은 해상도 영상이 제공하는 체감적 개선이 거의 없음을 인지하기 시작했다. 이러한 배경에서 영상 산업은 새로운 도전에 직면하고 있다. 픽셀 수의 무한한 증가가 더 이상 소비자에게 큰 감동을 주지 못한다는 현실은 영상 기술의 발전 방향에 근본적 변화를 요구한다. 즉 해상도 경쟁만으로는 시장에서 경쟁력을 유지하기 어렵게 되었다.

이에 따라 영상 전문가들과 업계 리더들은 다음 세대의 영상 기술이 단순히 픽셀 밀도를 높이는 방식이 아니라 시청자의 감각과 몰입감을 더욱 높이는 방향으로 진화해야 한다고 주장하고 있다. 이들은 차세대 영상 기술이 2차원 평면을 넘어 3차원 공간에서 더욱 생생한 입체적 표현을 추구해야 한다고 강조한다. 입체 영상과 홀로그램과 같은 새로운 기술이 주목받는 것도 이러한 이유에서다. 전문가들은 해상도 경쟁을 넘어 시청자가 콘텐츠 속으로 더욱 깊이 몰입하고 현실감을 느낄 수 있는 영상 기술을 개발하는 것이 미래의 경쟁력이 될 것이라고 보고 있다. 앞으로의 영상 기술은 더욱 창의적이고 혁신적인 방법으로 시청자들의 다양한 감각을 자극해, 기존 영상 기술의 한계를 뛰어넘는 새로운 시대로 진입할 것으로 기대된다.

현실감을 추구하는 몰입형 콘텐츠의 등장

영상 콘텐츠 산업은 최근 빠르게 몰입형 콘텐츠 중심으로 재편되고 있다. 이는 단순한 기술적 진보를 넘어 인간의 감각 체계와 인지 구조를 바꾸는 문화적 전환으로 볼 수 있다. 오랫동안 2D 기반 영상 콘텐츠가 시장을 주도해 왔지만, 이제 화면을 보는 수준의 수동적 체험에서 벗어나 사용자가 콘텐츠 안으로 직접 들어가고 콘텐츠와 상호작용하는 능동적 체험을 요구하는 시대가 도래했다. 이러한 흐름 속에서 가상현실(Virtual Reality, VR), 증강현실(Augmented Reality, AR), 혼합현실(Mixed Reality, MR) 기술은 몰입형 콘텐츠의 핵심으로 부상하고 있으며, 이는 콘텐츠 산업 전반에 거대한 변화를 일으키고 있다. 가상현실은 사용자를 완전히 디지털로 구성된 공간으로 이동시키는 기술이다. 헤드 마운트 디스플레이와 같은 장치를 착용하면 실제 세계와 단절된 채 오직 가상 공간 안에서의 시각, 청각, 나아가 촉각까지 경험하게 된다. 이러한 특성 덕에 가상현실은 단순한 게임이나 엔터테인먼트를 넘어 군사 훈련, 의료 시뮬레이션, 정신 치료, 건축 설계 등 고도의 몰입을 필요로 하는 분야에서 활발하게 활용되고 있다. 한편 증강현실은 현실 세계를 기반으로 그 위에 디지털 정보를 겹쳐 보여 주는 방식이다. 이를 통해 사용자는 실제 공간 안에서 실시간으로 정보와 상호작용할 수 있다. 증강현실은 교육, 관광, 마케팅, 산업 현장 등에서 유용한 도구로 자리 잡고 있다. 예컨대 건물의 외관 위에 실시간 설계도를 중첩하거나, 유적지 위에 과거의 모습을 디지털로 재현하는 등의 활용이 가능하다.

혼합현실은 가상현실과 증강현실의 장점을 융합한 기술로, 현실과 가상이 상호작용하며 공존하는 새로운 경험을 가능하게 한다. 혼합현실 환경에서는 가상 객체가 현실의 물리적 사물에 반응하고 사용자와 실시간으로 소통할 수 있다. 이는 디지털 트윈, 원격 협업, 스마트 제조 시스템 등에서 특히 강력한 효과를 발휘한다. 혼합현실은 다양한 산업군에서 점차 도입이 확산되고 있다. 이러한 기술적 발전은 콘텐츠 소비자에게 더 높은 몰입감과 참여도를 제공하고, 기존 시청 중심 콘텐츠와는 전혀 다른 형태의 경험을 창출한다. 몰입형 콘텐츠 기술은 이제 단순한 기술 트렌드를 넘어 게임, 영화, 교육, 의료, 제조, 공연예술 등 거의 모든 분야에 걸쳐 폭넓게 확장되고 있다. 특히 코로나19 팬데믹 이후 비대면 환경의 확대는 이러한 기술에 대한 수요를 급격히 증가시켰으며 원격 수업, 원격 회의, 원격 진료 등 다양한 상황에서 그

효용성이 입증되었다. 몰입형 콘텐츠는 더 이상 특정 분야의 전유물이 아니라 사회 전반에 영향을 미치는 새로운 표준으로 자리매김하고 있다. 향후 몰입형 콘텐츠 기술은 영상 콘텐츠 산업의 핵심 동력으로 작용할 것이며, 콘텐츠 제작 방식, 유통 채널, 소비 방식 모두를 새롭게 정의할 것이다. 특히 인터랙티브 디자인, UX 설계, 감각 피드백 시스템 등 다양한 분야와의 융합이 필수적으로 요구될 것이며, 콘텐츠 기획자는 단순한 영상 연출을 넘어 기술적 이해와 다학제적 사고에 기반한 새로운 창작 역량을 갖추어야 할 것이다. 이러한 변화는 영상 산업의 패러다임 자체를 전환한다. 몰입형 콘텐츠는 인간 경험의 본질을 재구성하는 혁신의 중심에 설 것으로 보인다.

투명 디스플레이와 몰입형 경험

몰입형 콘텐츠 기술의 한 축으로 최근 투명 디스플레이가 각광받고 있다. 투명 디스플레이는 유리나 플라스틱 기판을 화면 자체로 사용함으로써 현실의 배경과 디지털 이미지를 자연스럽게 겹쳐 보여 준다. 이러한 시각적 융합은 기존의 일반적인 모니터나 프로젝션 방식이 제공할 수 없던 깊은 입체감과 공간감을 실현하며, 시청자의 주의를 즉각적으로 끌어당긴다. 화면이 배경을 가리지 않기 때문에, 현실 공간과 디지털 정보가 마치 하나의 연속적인 장면처럼 느껴지는 시각적 경험을 가능하게 한다. 이로써 사용자는 콘텐츠 속으로 더 자연스럽게 몰입하게 되며, 현실과 가상의 경계가 흐려지는 효과가 나타난다.

특히 광고 산업에서는 이 기술이 매우 혁신적인 방식으로 활용되고 있다. 매장의 유리 쇼윈도나 상업 공간의 전면부에 투명 OLED 디스플레이를 설치함으로써 진열된 상품 뒤편에 디지털 애니메이션, 브랜드 메시지, 제품 설명 등을 동시에 노출할 수 있다. 이러한 방식은 소비자의 구매 욕구를 자극하고 브랜드 이미지를 강화하는 데 매우 효과적이다. 전시 및 박물관 분야에서도 투명 디스플레이는 기존의 설명 패널을 대체하고 있다. 유물이나 예술품을 가리지 않으면서 그 위에 해설 텍스트나 보조 이미지, 애니메이션 등을 투사함으로써 관람객은 더욱 직관적이고 몰입감 있는 전시 경험을 할 수 있게 된다.

자동차 산업에서도 투명 디스플레이는 중요한 역할을 하고 있다. 대표적인 예로 차량 앞 유리창에 정보를 투사하는 헤드업 디스플레이(Head-Up Display, HUD) 시스템이 있으며, 운전자가 시선을 도로에서 떼지 않고도 속도, 내비게이션 경로, 차량 상태 등 다양한 정보를 동시에 확인할 수 있게 한다. 이는 운전의 안전성과 효율성을 높이는 데 기여하며, 미래형 자율주행 시스템과의 연계 가능성 또한 높게 평가되고 있다.

기술적 측면에서도 투명 디스플레이는 빠르게 진화하고 있다. 고투과도 발광 소재의 개발, 미세 패턴 전극의 적용, 저전력 구동 회로 기술의 발전을 통해 패널의 두께와 무게가 감소하고 있으며, 시야각과 색재현력이 지속적으로 개선되고 있다. 아울러 6G 기반 고속 통신 환경과 결합될 경우 클라우드 기반 고해상도 3D 그래픽을 실시간 스트리밍하는 것도 가능해진다. 이는 향후 스마트시티, 디지털 트윈, 증강 현실 플랫폼 등과 밀접하게 연결될 것으로 보인다.

사용자 경험 측면에서도 투명 디스플레이는 단순히 '보는 화면'에서 벗어나, 직관적인 '제어 인터페이스'로 진화하고 있다. 터치 센서, 제스처 인식, 음성 인식 기술이 통합되면서 디스플레이 자체가 입력 장치로 기능하며, 사용자와의 상호작용성이 크게 향상되고 있다. 이로써 투명 디스플레이는 시각적 정보 제공과 실시간 피드백을 동시에 가능하게 해, 다양한 환경 속에서 스마트한 사용자 경험을 실현한다.

결론적으로 투명 디스플레이는 현실 환경과 콘텐츠가

분리되지 않는 '시각적 증강 공간'을 창출한다. 이는 단순한 영상 재생 기기를 넘어 인간과 정보, 공간과 기술을 하나로 연결하는 차세대 인터페이스로 자리매김할 가능성을 시사한다. 투명 디스플레이는 향후 일상적 생활공간, 사물, 도시 인프라 전반에 깊숙이 침투해 우리 삶의 방식과 정보 소비 패턴에 근본적인 변화를 가져올 것으로 기대된다.

프로젝션 기술의 진화

오랫동안 프로젝션 기술은 영상을 벽이나 스크린에 투사해 시각적 정보를 전달하는 단순한 기술로 여겨져 왔다. 그러나 최근 들어 이 기술은 '프로젝션 매핑'이라는 형태로 진화하면서 영상 콘텐츠의 표현 방식에 획기적인 전환을 가져오고 있다. 프로젝션 매핑은 단순히 평면에 이미지를 투사하는 것을 넘어 복잡한 형태를 띠는 사물이나 건축물의 표면, 무대 구조물, 전시 오브제 등 다양한 3차원 형태에 맞춰 영상의 형태를 왜곡하고 조정해 정확하게 투사하는 기술이다. 이 과정을 통해 마치 사물이 실제로 움직이거나 변화하는 것처럼 보이는 착시 효과를 유도하며, 사용자에게 강렬한 시각적 몰입감을 제공한다. 이러한 기술은 특히 건축물 외관이나 대형 무대,

테마파크, 박물관, 전시관, 패션쇼 무대 등에서 큰 효과를 발휘하고 있다. 예를 들어 고대 건축물의 외벽에 고해상도 애니메이션을 투사해 시간의 흐름이나 역사적 장면을 생생하게 재현하거나, 무대 위 오브제와 조화를 이루는 영상 효과로 배우의 동작과 완벽히 동기화된 연출을 가능하게 한다. 이처럼 프로젝션 매핑은 기존 영상 연출 방식으로는 구현할 수 없었던 새로운 연출과 스토리텔링 방식을 제시하며, 관객의 몰입도와 감정적 반응을 극대화한다. 기술적인 측면에서도 프로젝션 매핑은 빠르게 진화하고 있다. 고휘도 레이저 프로젝터가 등장하면서 밝은 실외 환경에서도 또렷한 이미지 표현이 가능해졌으며, 해상도 또한 4K를 넘어 8K 이상으로 발전해 섬세한 디테일까지 표현할 수 있게 되었다. 또한 사물의 움직임이나 환경 변화에 따라 실시간으로 영상의 위치와 형태를 자동으로 조정하는 트래킹 기술이 도입되면서 동적 공간에서도 안정적이고 정밀한 투사가 가능해졌다. 이러한 기술은 공연예술이나 전시 연출에서 중요한 역할을 하며, 이전에는 상상 속에서만 가능했던 연출을 현실로 구현할 수 있게 해 준다.

그뿐 아니라 프로젝션 매핑은 예술성과 기술이 결합된 복합적 매체로서 디지털 아트의 새로운 장르로도 자리매김하고 있다. 아티스트들은 건물이나 조각상, 자연 환경 등을 거대한 캔버스로 활용해 장소 특정적(site-specific) 예술 작품을 창작하며, 도시의 공공 공간을 새로운 시각적 경험의 장으로 전환하고 있다. 이는 단순한 시청각적 즐거움을 넘어 공간에 대한 인식과 감정적 반응을 유도하는 강력한 커뮤니케이션 수단으로 기능하고 있다.

마케팅 분야에서도 프로젝션 매핑은 차별화된 브랜드 경험을 제공하는 전략적 도구로 활용되고 있다. 기존 디지털 사이니지나 영상 광고가 지닌 시각적 한계를 뛰어넘어 브랜드의 정체성을 공간 전체에 입히는 방식으로 관람객의 주목도를 극대화하고, SNS와 연계된 바이럴 효과도 유도할 수 있다. 백화점 외벽을 활용한 계절별 테마 연출, 제품 출시 기념 미디어 퍼포먼스, 체험형 팝업 스토어 등에서 프로젝션 매핑은 감성적이고 혁신적인 사용자 경험을 설계하는 데 큰 역할을 하고 있다. 이처럼 프로젝션 매핑은 기술, 예술, 커뮤니케이션을 융합한 총체적 매체로서 향후에도 다양한 분야에서 활발히 응용될 것으로 전망된다. 특히 스마트 시티 구현, 도시 경관 개선, 관광 자원 활성화, 교육 콘텐츠 개발 등에서도 그 가능성이 무궁무진하다. 고정된 스크린이라는 물리적 제약을 넘어 공간 자체를 콘텐츠로 전환하는 프로젝션 매핑은 영상 콘텐츠의 표현력과 체험의 깊이를 획기적으로 확장하고 있으며, 미래 콘텐츠 산업의 중요한 축으로 자리매김할 것이다.

디지털 사이니지의 대형화와 몰입형 표현

디지털 사이니지는 최근 몇 년 사이 눈에 띄게 진화했다. 단순한 전자 광고판의 기능을 넘어 첨단 미디어 플랫폼으로 자리 잡고 있다. 특히 대형화 추세와 몰입형 기술의 적극적 도입은 디지털 사이니지를 단순한 정보 전달 수단이 아니라 강력한 체험 기반 미디어로 변화시키고 있다. 공공장소, 대형 쇼핑몰, 공항, 지하철역, 스포츠 경기장, 전시회장 등 다양한 공간에서 초대형 디지털 사이니지가 등장하면서 콘텐츠의 전달 범위는 더욱 넓어지고 시청자에게 미치는 영향력도 급속히 커지고 있다. 건물 외벽을 가득 채우는 미디어 파사드, 로비 전체를 감싸는 커브드 스크린, 천장과 바닥을 활용한 몰입형 연출은 보는 이로 하여금 단순한 관람을 넘어 환경 속에 '들어가는' 경험을 하게 만든다. 대형 화면은 그 자체만으로도 시각적 임팩트를 제공하지만, 여기에 실시간 인터랙션 기능이 결합되면서 디지털 사이니지는 더욱 진화된 사용자 경험을 제공한다. 터치스크린은 물론 적외선, 초음파, 카메라 기반 제스처 인식 센서, 음성 인식 장치 등이 결합되어 사용자의 행동을 실시간으로 인식하고 그에 반응하는 시스템이 가능해졌다. 예를 들어 사용자가 손을 흔들면 화면 속 캐릭터가 인사하거나, 특정 위치에 서면 자동으로 사용자의 연령대와 성별에 맞춘 광고나 정보를 제공하는 형태를 취할 수 있다. 이러한 상호작용은 기술적 흥미를 넘어 관람객에게 맞춤화된 정보와 감정적 연결을 제공하며, 콘텐츠의 몰입도와 전달력을 크게 향상한다.

디지털 사이니지의 진화는 콘텐츠 표현 방식에도 큰 변화를 가져왔다. 고해상도 영상이나 정적 이미지를 넘어 3D 애니메이션, 실시간 데이터 시각화, 소셜미디어 연동 콘텐츠, 증강현실 기반 인터페이스 등 다양한 형태의 다중 콘텐츠가 동시 구현되고 있다. 예컨대 날씨 정보에 따라 광고 배경이 변화하거나, 실시간 교통 상황이 대형 지도와 함께 시각화되는 방식은 정보 전달과 시각적 흥미를 동시에 만족시킨다. 콘텐츠 제작자는 사용자 경험 디자인, 데이터 연동 전략, 공간 내 시선 흐름 분석 등 다양한 요소를 고려하는 정교한 콘텐츠 설계를 요구받게 되었고, 이에 따라 디지털 사이니지는 점차 종합 콘텐츠 플랫폼으로 기능하고 있다. 기술적 측면에서도 디지털 사이니지는 사물인터넷(Internet of Things, IoT), AI, 빅데이터 분석 기술과 융합되며 새로운 가능성을 열고 있다. 디지털 사이니지는 단순히 보여 주는 장치를 넘어 사람들의 행동을 인식하고 데이터를 수집하며, 이에 기반해 더욱 정밀하고 개별화된 콘텐츠를 실시간으로 제공할 수 있는 지능형 시스템으로 발전하고 있다. 사용자의 위치 정보, 머무는 시간, 관심 콘텐츠 유형 등을 실시간으로 분석해 가장 적합한 광고나 정보를 자동으로 재편성하는 맞춤형 디스플레이가 가능해지고 있다. 예를 들어 대형 쇼핑몰에서는 고객의 동선을 추적해 각 매장 앞 디지털 사이니지에서 맞춤형 할인 정보나 추천 상품을 노출할 수 있으며, 공항에서는 탑승 게이트와 연계해 승객 정보에 기반한 맞춤 안내 서비스를 제공할 수 있다.

향후 디지털 사이니지는 더욱 유연하고 지능화된 방식으로 진화할 것으로 보인다. 휘어지고 접히는 디스플레이, 홀로그램 기술을 적용한 입체형 사이니지, 3D 사운드와의 결합을 통한 오감형 콘텐츠, 가상현실 · 혼합현실과 연동된 공간 연출 등은 디지털 사이니지를 단순한 시각적 장치를 넘어서는 실감형 정보 경험의 중심으로 끌어올릴 것이다. 이는 상업적 목적뿐 아니라 공공 정보 제공, 문화예술 전시, 교육, 관광 산업 등 다양한 영역에서 새로운 방식의 소통을 가능하게 한다. 결론적으로 디지털 사이니지는 기술과 콘텐츠, 공간과 인간 사이의 경계를 허물며 끊임없이 진화하고 있다. 몰입감, 상호작용성, 지능화라는 키워드를 중심으로 전개되는 이러한 변화는 디지털 사이니지를 영상 콘텐츠 산업의 새로운 주역이자 미래형 커뮤니케이션의 핵심 플랫폼으로 만들어 가고 있다.

몰입형 콘텐츠와 홀로그램의 연결

몰입형 콘텐츠 기술들의 비약적 발전은 궁극적으로 홀로그램 기술과 자연스럽게 연결된다. 가상현실, 증강현실, 혼합현실 등 다양한 형태의 몰입형 기술들이 인간의 시각, 청각, 촉각을 자극하며 현실과 유사한 체험을 가능하게 만들어 왔지만, 여전히 디스플레이 장치나 특정 기기의 보조 없이는 완전한 몰입을 이루기 어렵다는 한계가 있다. 이러한 한계를 뛰어넘을 수 있는 기술로 주목받는 것이 바로 홀로그램이다. 홀로그램은 특별한 장치 없이도 공중에 3차원 이미지를 구현할 수 있어, 시청자에게 실제로 눈앞에서 물체를 보는 것과 같은 시각적 경험을 제공한다. 따라서 홀로그램은 단순한 디지털 이미지나 애니메이션이 아니라 실체감 있는 콘텐츠로 인식되며, 몰입형 기술의 정점으로 여겨진다.

홀로그램 기술은 이미 여러 산업 분야에서 응용 가능성을 보이며 다양한 형태로 실험되고 있다. 예를 들어 엔터테인먼트 산업에서는 가상의 인물이 마치 실제로 무대 위에 서는 듯한 홀로그램 공연이 시도되고 있으며, 박물관이나 전시회에서는 역사 인물을 홀로그램으로 재현해 관람객의 흥미를 유도하고 있다. 또한 교육 분야에서도 해부학 모델이나 과학 실험을 3D 홀로그램으로 구현해 학습자의 이해도와 집중도를 높이는 방식으로 활용되고 있다. 회의나 프레젠테이션에서는 참석자가 실제 공간에 있지 않아도 홀로그램을 통해 실제와 유사한 존재감을 전달함으로써 원격 협업의 새로운 차원을 열고 있다. 이처럼 홀로그램은 물리적 공간의 제약을 넘어서며, 콘텐츠 소비 방식과 인간 간 소통 방식에까지 영향을 미치고 있다.

기술적 측면에서도 홀로그램은 고도화되고 있다. 과거에는 레이저 간섭과 같은 복잡한 광학 장비가 필요했지만, 최근에는 디지털 홀로그램 기술이 발전하면서 비교적 간단한 장비로도 고해상도의 3차원 영상을 생성할 수 있게 되었다. 공간광 변조기 기술의 향상, 고속 연산

그래픽 프로세서의 발전, AI 기반 실시간 이미지 처리 기술이 융합되면서 홀로그램 생성과 재생의 정확도와 속도가 점점 향상되고 있다. 또한 투명 디스플레이, 미세 광학 소자, 광파 조작 기술 등 다양한 요소들과의 결합을 통해 더욱 선명하고 안정적인 홀로그램 구현이 가능해지고 있으며, 소형화된 장비를 통해 홀로그램을 일상 환경에서도 활용할 가능성이 점차 현실화되고 있다. 홀로그램은 단순한 시청각 자극을 넘어 공간적 존재감을 형성하는 기술이다. 기존 몰입형 콘텐츠들이 시각적 몰입을 주로 제공해 왔다면, 홀로그램은 공간 자체를 시각화함으로써 더욱 본질적인 몰입을 가능하게 한다. 이러한 특징은 향후 콘텐츠 기술의 방향성을 결정짓는 핵심 요소가 될 것이며, 결국 몰입형 콘텐츠의 궁극적 형태는 홀로그램 기반 시스템을 중심으로 재편될 가능성이 크다.

앞으로의 홀로그램 기술은 시연이나 전시에 그치지 않고 우리 일상생활로 깊숙이 확대될 것으로 예상된다. 개인용 커뮤니케이션, 교육, 의료, 건축, 제조, 국방, 공공 정보 전달 등 다양한 분야에서 실시간 상호작용이 가능한 홀로그램 플랫폼이 등장할 것이며, 이는 기존 영상 기술의 한계를 넘어서는 새로운 경험의 시대를 열 것이다. 결국 홀로그램은 몰입형 콘텐츠의 완성도를 높이고 차세대 영상 기술의 중심축으로 자리 잡아 향후 디지털 미디어 환경을 이끌 핵심 기술로 부상할 것이다.

참고문헌

김정호 외(2022). "포토그래메트리 및 인공지능 기술을 활용한 실감 콘텐츠 제작과 스토리텔링 방법 연구". 《방송공학회 논문지》, 27(5), 654-664쪽.
https://www.kci.go.kr/kciportal/ci/sereArticleSearch/ciSereArtiView.kci?sereArticleSearchBean.artiId=ART002880219

BrandXR(2025.2.9). How AI is enhancing immersive experiences.
https://www.brandxr.io/how-ai-is-enhancing-immersive-experiences

Dou, X.(2025.3.25). Research on the Development of Immersive Communication Industry Driven by AIGC in Metaverse Scenarios. *2025 International conference on management, economic and sustainable social development(MESSD 2025)*.
https://doi.org/10.1051/shsconf/202521302037

Xu, Z.(2025). The Integration of Virtual Reality and Artificial Intelligence in Immersive Media Creation. *Journal of Innovation and Development*, *10*(2), pp.30-34.
https://www.researchgate.net/publication/389500204_The_Integration_of_Virtual_Reality_and_Artificial_Intelligence_in_Immersive_Media_Creation

02
홀로그램의 탄생과 역사

홀로그램은 '전체를 기록한 이미지'를 뜻한다. 3차원 파면 정보를 저장해 입체적 시각 경험을 제공한다. 1947년 데니스 가보르가 개념을 제안했고, 1960년 레이저의 등장으로 본격적인 기술 구현이 가능해졌다. 이후 디지털 기술과 결합되어 다양한 산업에서 활용되고 있으며, 실감형 콘텐츠와 공간 인터페이스의 핵심 기술로 주목받고 있다. 홀로그램의 어원, 발명 배경, 기술 발전 과정, 현대적 응용을 다룬다.

AI와 MBTI?

홀로그램의 어원과 개념의 기원

'홀로그램(hologram)'이라는 단어는 그리스어에서 유래한 복합어다. 'holos'는 '전체', '완전한'이라는 의미를 지니며, 'gramma'는 '기록된 것' 혹은 '글자', '그림'을 뜻한다. 이 두 단어가 결합해 만들어진 '홀로그램'이라는 용어는 문자 그대로 해석하면 '전체를 기록한 이미지'를 의미한다. 이 말 자체가 홀로그램 기술의 본질을 잘 설명해 준다. 다시 말해 홀로그램은 단순히 어떤 물제의 평면적 형상만을 기록하는 것이 아니라 그 물체가 지닌 3차원적 구조와 깊이감, 빛의 방향과 굴절 방식까지 포함한 전체적인 시각 정보를 통합적으로 기록함을 뜻하는 개념이다.

홀로그램 개념은 기존 사진 기술, 즉 평면 기반 2차원 이미지 기록 방식과는 근본적으로 다른 철학과 기술적 토대를 지닌다. 일반 사진은 피사체로부터 반사된 빛을 단일 평면 위에 명암과 색의 조합으로 고정시켜 저장한다. 관찰자의 시점이 바뀌어도 이미지가 동일하게 유지되며, 입체감은 조명이나 명암 대비를 통해 간접적으로 표현될 뿐이다. 그러나 홀로그램은 빛의 밝기 정보뿐 아니라 위상, 즉 파동의 간섭과 회절이라는 물리적 특성을 함께 기록함으로써 관찰자의 시점 변화에 따라 이미지의 형태나 깊이감이 달라지는 진정한 의미의 3차원 시각 경험을 제공한다. 이는 우리가 현실 세계에서 사물을 바라볼 때 고개를 좌우로 움직이거나 거리를 조절하면 배경과 전경이 달리 보이고, 사물의 형태가 다르게 인지되는 것과 유사한 효과다.

홀로그램의 핵심은 '파면(wavefront)'을 기록한다는 데 있다. 파면이란 특정 시간에 동일한 위상을 지니는 빛의 공간적 분포다. 즉 빛이 어떻게 움직이고 퍼지는지를 설명하는 물리적 개념이다. 홀로그램은 물체에서 반사되어 나오는 빛의 파면 전체를 기록 매체 위에 간섭무늬 형태로 저장한다. 이 간섭무늬는 단순히 눈에 보이는 이미지가 아니라 레이저 등의 정합광(coherent light)을 다시 투사했을 때 그 물체에서 발생했던 빛의 파장을 그대로 재현할 수 있는 매우 정밀한 정보 집합이다. 이러한 방식은 우리가 일반적으로 이해하는 '영상' 개념을 초월하며, 정보의 복제와 재현이라는 관점에서 보면 가장 근원적인 형태의 시각 복제 기술이라 할 수 있다.

홀로그램의 발명과 발전: 데니스 가보르와 20세기 광학의 진보

홀로그램 기술 개념은 헝가리 출신의 물리학자 데니스 가보르가 처음 제안했다. 가보르는 20세기 중반, 특히

1947년에 전자빔 현미경의 해상도를 향상하기 위한 연구를 진행하던 중 빛의 '파동 간섭' 현상을 응용해 밝기 정보뿐만 아니라 위상 정보를 함께 기록하는 새로운 영상 기록 방식을 고안했다. 이 방식은 후에 '홀로그래피(holography)'라는 명칭으로 정리되었다. 홀로그래피는 당시 사진 기술이나 영상 기술과는 전혀 다른 차원의 개념이었다. 일반 사진은 빛의 강도만 기록하지만, 홀로그래피는 빛의 진동 방향과 간섭 상태를 포함한 복합적 정보를 저장함으로써 3차원 공간 속에서의 입체감을 정밀하게 재현할 수 있도록 설계되었다. 그러나 당시에는 이러한 개념을 실질적으로 구현할 수 있는 정밀하고 안정적인 광원이 존재하지 않았기 때문에, 이 기술은 이론적 수준에 머물 수밖에 없었다.

1960년 미국의 물리학자 시어도어 메이먼(Theodore Maiman)이 세계 최초로 루비 레이저(ruby laser)를 개발하면서 상황이 달라졌다. 레이저는 기존 광원과는 비교할 수 없을 만큼 특이성이 높은 광원이다. 단일 파장을 지니며, 에너지가 매우 집속되어 있고, 무엇보다 위상이 일관된 정합광을 방출한다는 특성이 있다. 정합광은 홀로그래피 기술의 핵심 요건으로, 가보르가 이론적으로만 다루었던 '파동 간섭 기반 3차원 영상 기록'을 현실화할 기반을 마련했다.

레이저의 등장은 단순한 광학 발전이 아니라 영상 기술과 정보 기록 방식 전반에 혁신을 불러일으킨 사건이었다. 레이저가 실험실에 도입된 이후 미국 벨연구소 소속 연구자 에밋 리스(Emmett Leith)와 유리스 우파트니크스(Juris Upatnieks)는 1962년에 최초로 레이저 기반 홀로그램 영상을 제작하는 데 성공했다. 이들은 기존 간섭 광학 이론을 바탕으로 투명 플레이트 위에 두 개의 광선을 간섭시켜 3차원 정보를 기록하고 재생하는 실험을 수행했으며, 이 과정을 통해 실제 물체가 없는 상태에서도 입체 이미지가 공중에 재현되는 현상을 시각적으로 증명했다. 이는 현대 홀로그래피 기술의 실질적 출발점이 되었으며, 이후 수많은 연구자들이 이를 기반으로 다양한 형태의 응용 기술을 발전시켜 나가게 되었다. 이러한 기술적 토대를 처음으로 구축한 가보르는 1971년 노벨 물리학상을 수상했다. 이는 그가 제안한 홀로그래피 개념이 단지 영상 기술에 국한된 것이 아니라 파동광학의 본질을 활용한 정보 저장 및 재생 기술로서 이후 컴퓨터 영상 처리, 디지털 광학, 나아가 양자정보과학과 같은 분야로까지 이어지는 기초를 제공했기 때문이다. 가보르의 연구는 물리학과 정보과학 그리고 시각 기술의 경계를 넘나드는 선구적 업적으로 인정받는다.

결과적으로 홀로그램 기술은 하나의 독립된 발명이 아니라 파동 간섭 이론, 고정밀 광학 기술, 정합광원의 발명, 사진 및 필름 기록 기술 등 다양한 과학기술의 융합으로 탄생한 복합 기술이다. 이는 물리학의 기본 원리를 응용해 정보의 새로운 표현 방식을 마련한 대표적 사례며, 그 발전 과정 자체가 과학기술의 진보와 융합적 사고의 중요성을 잘 보여 주는 사례로 평가된다.

기술의 확장과 현대 홀로그래피의 흐름

1960년대와 1970년대에 걸쳐 실험적 차원에서 출발한 홀로그램 기술은 처음에는 학술적 연구와 광학 실험실 중심의 제한된 분야에서만 다루어졌다. 레이저와 간섭 광학의 결합을 통해 실현된 초기 홀로그램은 주로 과학 기술의 가능성을 보여 주는 데 초점이 맞춰졌으며, 실제 활용보다는 이론적 탐구와 실험적 시연에 중점을 두었다. 그러나 1980년대에 들어 기술의 안정성과 제작 방식의 단순화, 광원 및 재현 장치의 소형화가 이루어지면서 홀로그램은 본격적으로 상업적 응용과 대중화의 길로 접어들었다.

이 시기부터 홀로그램은 실생활에 가까운 영역에서

사용되기 시작했으며, 그중 대표적인 예가 보안 인증 분야였다. 지폐나 신용카드, 여권, 각종 공공 문서 등에 정적 홀로그램을 삽입하는 것이 위조 방지를 위한 수단으로 널리 채택되었다. 이는 홀로그램이 단순한 과학기술을 넘어 실용적 사회 기반 기술로 인정받는 계기가 되었다. 또한 같은 시기 예술계에서도 홀로그램 기술이 새로운 표현 매체로 받아들여지기 시작했다. 평면 사진이나 조각과는 달리 입체적 시각 경험을 제공하는 홀로그램은 예술가들에게 새로운 형태의 창작 방법을 제시했고, 이에 따라 홀로그램 조각, 홀로그램 사진, 홀로그램 설치미술 등 독창적인 예술 장르가 형성되었다. 관람자는 고정된 시점을 벗어나 이동을 통해 이미지의 형태가 달라지는 경험을 하며, 예술 작품에 더욱 깊이 몰입하게 되었다. 이 외에도 과학 박물관이나 기술 전시관에서는 홀로그램을 통해 복잡한 과학 개념이나 역사적 사건을 입체적으로 시각화해 관람객의 이해도를 높이고 학습의 효과를 극대화했다.

21세기에 들어서면서 홀로그램 기술은 또 한 번의 큰 전환점을 맞이했다. 바로 디지털 기반 홀로그래피 기술, 즉 디지털 홀로그래피의 부상이다. 기존 홀로그램은 주로 광학 필름에 간섭무늬를 기록하고 이를 다시 레이저로 재생하는 아날로그 방식을 취했다. 반면 디지털 홀로그래피는 전하 결합 소자(Charge Coupled Device, CCD) 센서와 컴퓨터 연산 기술을 활용해 빛의 파면 정보를 디지털 데이터로 획득하고 처리하는 방식을 택한다. 이러한 방식은 홀로그램의 생성과 재생이 훨씬 빠르고 정밀하게 이루어지게 했으며, 고해상도의 공간광 변조기, GPU 기반 컴퓨터 생성 홀로그램, AI 기반 이미지 보정 및 노이즈 제거 기술 등과 결합하면서 실시간으로 조작 가능한 홀로그램 콘텐츠가 구현되기 시작했다. 이러한 기술 발전은 다양한 산업 분야에 새로운 가능성을 열어 주었다. 대표적인 예로 3D 홀로그램 기반 영상회의 시스템은 멀리 있는 사람이 실제로 공간 안에 있는 것처럼 느껴지는 회의 환경을 제공한다. 강연이나 공연에서는 실시간으로 홀로그램을 투사해 물리적으로 부재하는 인물이 무대에 등장하는 연출이 가능해졌다. 또한 자동차 산업에서는 홀로그램 기반 헤드업 디스플레이를 통해 운전자의 시야를 방해하지 않으면서도 정보 전달이 가능한 첨단 인터페이스가 개발되고 있다.

현재 홀로그램 기술은 몰입형 콘텐츠 기술, 즉 가상현실, 증강현실, 혼합현실과 같은 실감형 디지털 체험 기술들과 긴밀하게 융합하고 있으며, 그 범위는 단순한 시각 콘텐츠를 넘어 공간적 정보 표현과 인터랙션 중심의 차세대 인터페이스 기술로 확장되고 있다. 홀로그램은 이제 단순한 이미지 재현 수단이 아니라 현실 공간 속에 '존재감'을 갖는 디지털 객체를 구현하는 기술로 진화하고 있으며, 사용자와의 상호작용에 기반한 새로운 디지털 생태계의 중심 기술로 부상하고 있다. 이로써 디지털 트윈, 스마트 시티, 의료 영상 분석, 군사 시뮬레이션, 교육, 원격 협업 등 다양한 분야에서의 활용 가능성이 확대되고 있으며, 이러한 흐름은 홀로그램 기술이 향후 디지털 미디어 환경의 핵심 인프라로 자리 잡을 것임을 예고한다.

참고문헌

Gabor, D.(1948). A new microscopic principle. *Nature, 161*, pp.777-778. https://doi.org/10.1038/161777a0

Kreis, T.(2005). *Handbook of Holographic Interferometry: Optical and Digital Methods*. Wiley-VCH.

Schnars, U. & Jüptner, W.(2002). Digital recording and numerical reconstruction of holograms. *Measurement Science and Technology, 13*(9). https://doi.org/10.1088/0957-0233/13/9/201

Yamaguchi, I. & Zhang, T.(1997). Phase-shifting digital holography. *Optics Letters, 22*(16), pp.1268-1270.

https://doi.org/10.1364/OL.22.001268

Zhang, T. & Yamaguchi, I.(1998). Three-dimensional microscopy with phase-shifting digital holography. *Optics Letters, 23*(15), pp.1221-1223. https://doi.org/10.1364/OL.23.001221

03
홀로그램의 원리와 특성

홀로그램은 레이저 정합광으로 물체광과 기준광을 간섭시켜 3차원 파면을 기록한다. 기록된 간섭무늬에 다시 정합광을 비추면 시점에 따라 변하는 입체 영상이 재생되어 공간적 몰입감을 구현한다.

AI와 난임 극복?

빛의 파동성이 만드는 간섭과 회절의 원리

홀로그램 기술의 핵심 원리는 빛이 지닌 파동적 성질, 즉 간섭과 회절 현상에 기반한다. 우리가 일상적으로 접하는 빛은 대부분 직진하는 선형적 성질로 인식되지만, 물리학적으로 빛은 입자성과 파동성을 동시에 지닌다. 특히 홀로그래피에서 중요한 것은 파동성이다. 빛이 파동처럼 움직인다는 사실은 두 개 이상의 빛이 만났을 때 그 위치에 따라 서로 강화되거나 상쇄되는 간섭 현상이 나타남을 의미한다. 이러한 간섭 현상은 두 빛이 일정한 조건 아래에서 만나야만 명확하게 나타난다.

홀로그램은 바로 이 간섭 현상을 이용해 물체의 3차원 정보를 기록하는 방식으로 작동한다. 구체적으로는 하나의 레이저 광선을 두 갈래로 나누어 하나는 직접 대상 물체에 반사시키고(이를 '물체광'이라 부른다), 다른 하나는 기준선 역할을 하는 '기준광'으로 사용한다. 이 두 광선이 다시 만나면 그 접점에서 간섭무늬가 형성된다. 이 무늬는 단순히 밝고 어두운 선들의 조합이 아니라 물체에서 반사되어 나온 빛의 위상(진동의 타이밍), 강도, 방향성 등 입체적 정보가 모두 포함된 매우 정밀한 기록 구조다. 이 간섭무늬를 감광성 필름이나 디지털 센서에 고정하면 우리가 말하는 '홀로그램'이 형성된다. 이러한 방식으로 만들어진 홀로그램은 처음 사용한 것과 유사한 특성을 지닌 빛을 다시 비추었을 때 그 진가를 발휘한다. 재생 빛은 기록된 간섭무늬를 통과하거나 반사되며, 그 과정에서 회절 현상이 일어난다. 회절이란 빛이 장애물이나 좁은 틈을 지날 때 방향을 바꾸며 퍼지는 현상으로, 이때 회절된 빛은 원래 물체에서 반사되었던 파면과 매우 유사한 궤적을 따라 움직인다. 이는 우리 눈에 그 빛이 물체에서 나오는 것처럼 보인다는 뜻이며, 이로써 실제로는 아무것도 없는 공중에 물체가 떠 있는 것처럼 인식된다. 관찰자는 마치 눈앞에 실재하는 3차원 물체를 보는 듯한 시각적 착각을 경험한다. 이것이 바로 홀로그램이 불러일으키는 몰입감과 현실감의 핵심이라 할 수 있다.

아울러 관찰자가 위치를 바꾸면 보이는 각도나 입체감도 함께 변한다. 이는 홀로그램이 관찰 시점에 따라 다른 파면 정보를 제공하기 때문에 일어나는 현상이며, 정지된 평면 이미지와는 전혀 다른 역동적 시각 경험을 제공한다. 이렇게 빛의 간섭과 회절을 통해 구현되는 홀로그램은 단순한 영상 기술을 넘어 인간의 시지각 구조와 긴밀히 연결된, 물리광학에 기반한 정밀한 과학기술이라 할 수 있다.

빛의 파면을 그대로 저장하는 홀로그램의 입체 정보 기록 방식

홀로그램은 사진이나 영상이 저장하는 밝기와 색 정보를 넘어 물체가 방출하거나 반사하는 빛의 방향과 위상, 거리와 깊이, 그것이 지닌 입체감을 함께 기록한다. 다시 말해 빛이 공간을 어떻게 채우며 어떤 궤적으로 전달되는지를 온전히 저장한다. 이는 곧 빛의 파면, 즉 특정 순간 동일한 신동 상태를 공유하는 빛의 전체 모양을 기록한다는 의미다. 파면을 저장하는 것은 관찰자가 어느 위치에서 보든 마치 실제 물체를 바라보듯 시점이 자연스럽게 변할 수 있게 한다. 우리가 머리를 좌우로 움직이거나 고개를 숙이고 들어 올릴 때, 같은 장면이라도 보이는 각도와 겹침 관계가 달라지는 현상이 그대로 재현된다.

홀로그램은 정지된 평면 속 그림이 아니라 관찰자의 움직임에 반응해 공간 안에 실체처럼 존재하는 이미지를 만든다. 이때 나타나는 시차(parallax, 視差), 즉 관찰 위치 변화에 따라 전경과 배경의 상대적 위치가 다르게 보이는 효과는 인간의 두 눈이 느끼는 입체 시각과 동일한 원리로 작동한다. 평면 이미지에서는 이러한 시차를 인위적으로 흉내 내기 위해 스테레오 사진이나 다중 시점 영상을 사용하지만, 홀로그램은 애초에 파면 정보를 통째로 담았기 때문에 별도의 장치 없이도 자연스러운 입체 변화를 구현한다. 이러한 특성 덕분에 홀로그램은 동일한 정보량으로 훨씬 풍부한 공간 경험을 제공한다. 예를 들어 물체 표면의 미세한 굴곡이나 재질감, 빛이 반사되는 각도 변화까지 그대로 나타나므로 관찰자는 마치 실물을 손에 들고 돌려 보는 듯한 사실감을 체험한다. 또한 복수의 관찰자가 서로 다른 위치에서 동시에 보더라도 각자 고유한 시점을 얻을 수 있으므로, 여러 사람이 함께 둘러보는 전시나 공동 작업 환경에서 높은 몰입도를 유지한다.

이러한 시차 구현 능력은 보안 도안, 의학 시각화, 문화유산 복원, 건축 프레젠테이션 등에서 홀로그램이 평면 매체와 구별되는 결정적인 경쟁력이다. 결국 홀로그램의 핵심 가치는 빛의 파면을 온전히 기록하고 재생함으로써 관찰자 위치에 관계없이 자연스러운 3차원 시각 경험을 제공한다는 점에 있다. 이는 평면 이미지가 갖는 제한을 넘어 현실 세계와 동일한 방식으로 빛을 다루고 공간을 표현한다는 뜻이며, 그 사실 자체가 홀로그램을 차세대 실감형 디스플레이의 핵심 기술로 자리매김하게 한다.

레이저가 필요한 이유와 정합광의 중요성

홀로그램을 제작하는 데에는 일반적 조명이나 자연광이 아닌, '정합광'이라고 불리는 특수한 성질의 빛이 반드시 필요하다. 정합광은 파장과 위상이 일정하게 유지되는 빛으로, 우리가 흔히 사용하는 전등, 형광등 혹은 햇빛처럼 다양한 파장과 무작위 위상을 지니는 '비정합광'과 근본적으로 다르다. 홀로그램에서 정합광이 중요한 이유는 그것이 간섭무늬를 정확하게 만들어 내는 데 필요하기 때문이다. 간섭무늬란 두 빛이 만나 서로의 파동이 겹쳐지면서 생성되는 밝고 어두운 패턴인데, 이 무늬 속에는 물체의 입체 정보를 포함한 매우 정밀한 파동 정보가 담긴다. 이 간섭무늬를 기록하기 위해서는 빛들이 서로 만나서 간섭할 수 있는 조건이 마련되어야 한다. 즉 빛의 파장이 같고 위상이 일치해야 한다. 이 조건을 충족하는 빛이 바로 정합광이다. 일반 조명은 다양한 방향으로 흩어지는 다중 파장의 빛을 포함하고 있어, 간섭이 생기더라도 그 패턴이 흐릿하거나 불안정하게 나타난다. 여러 악기가 동시에 엇갈린 음정으로 연주할 때 멜로디가 망가지는 것과 비슷한 원리다. 이런 상태에서는 간섭무늬 자체가 제대로 형성되지 않기 때문에, 홀로그램에 필요한 파면 정보의 정밀한 기록이 사실상 불가능해진다. 따라서 홀로그램을 만들려면 특정한 한 파장으로 정렬된 빛을 사용해야 하며, 그 역할을 수행할 수 있는 광원이 바로 레이저다.

레이저는 단일 파장, 일관된 위상, 높은 직진성, 에너지의 집속도를 모두 갖춘 빛이다. 홀로그램 제작 과정에서는 하나의 레이저 광선을 두 갈래로 나누어 하나는 물체에 반사되어 나오는 '물체광'으로, 다른 하나는 기준 역할을 하는 '기준광'으로 사용한다. 이 두 광선은 매우 정밀한 각도와 거리에서 만나야 하며, 이 만남의 위치에서 형성되는 간섭무늬가 홀로그램의 핵심 정보가 된다. 각도가 조금만 어긋나거나, 진동이 발생하거나, 공기 흐름이 불안정해지면 간섭무늬는 쉽게 흐려지고 깨질 수 있다. 따라서 홀로그램 촬영은 매우 민감한 환경에서 이뤄져야 한다. 이처럼 홀로그램 기술은 정합광이라는 매우 정제된 빛을 전제하며, 광학적 조건을 정밀하게 설계하고 유지해야만 홀로그램을 성공적으로 제작할 수 있다. 홀로그램 기술은 단순히 이미지를 찍는 것이 아니라 빛의 본질과 물리적 성질을 정밀하게 제어하고 활용해야 하는 기술이기 때문에, 일반 영상 기술과는 차원이 다른 과학적 이해를 요구한다. 홀로그램은 빛을 다루는 기술이자 빛 자체를 기록하는 기술이며, 정합광은 그 모든 과정의 출발점이 되는 핵심 요소라 할 수 있다.

각도에 따라 달라지는 입체 효과와 홀로그램의 감상 조건

단순히 빛의 파면이 기록되어 있다고 해서 홀로그램에서 즉시 3차원 이미지를 볼 수 있는 것은 아니다. 홀로그램은 일정한 조건에서만 그 진정한 효과를 발휘한다. 특히 홀로그램의 재생 과정에서는 처음 기록할 때 사용한 것과 동일하거나 매우 유사한 성질을 지닌 빛, 즉 같은 파장과 위상을 지닌 정합광이 다시 필요하다. 이 빛을 완성된 홀로그램의 간섭무늬 위에 비추면, 무늬 속에 담겨 있던 복잡한 파면 정보가 회절 현상을 통해 되살아난다. 회절된 빛은 원래 물체에서 반사되어 나왔던 경로와 유사한 방향으로 퍼져 나간다. 그 빛이 관찰자의 눈에 들어올 때 물체가 실제로 눈앞에 존재하는 것처럼 인식된다.

이 과정의 핵심은 단지 이미지가 '보인다'는 차원을 넘어 실제 물체가 그 자리에 떠 있는 것처럼 느껴지게 만드는 데 있다. 공중에 떠 있는 듯한 3차원 이미지는 실체는 없지만 관찰자의 두 눈에는 현실 공간을 점유하는 것처럼 보인다. 이로써 강한 몰입감과 존재감을 불러일으킨다. 무엇보다 관찰자가 머리를 움직이거나 시점을 바꾸면 홀로그램 이미지도 그에 따라 시점이 달라진다. 마치 실제 물체를 여러 방향에서 바라보는 것처럼 앞뒤, 좌우, 깊이의 변화가 자연스럽게 일어난다. 이 특성은 일반 디스플레이에서는 구현하기 어려운 입체적 경험을 제공한다. 특히 '시차' 효과가 강하게 나타난다. 시차는 인간이 실제 세계를 입체적으로 인식하는 데 핵심적인 요소 중 하나로, 홀로그램이 단순한 시각 정보 전달을 넘어 현실성과 감각적 설득력을 갖는 이유이기도 하다.

홀로그램은 단지 공간 안에 투사되는 영상이 아니라 공간 자체를 구성하는 요소처럼 작용한다. 일반 평면 이미지나 디지털 스크린과는 달리 관찰자와의 물리적 거리에 따라 인식되는 방식이 달라지고, 보는 각도에 따라 이미지의 구조도 변형되기 때문에 동적 공간 체험이 가능해진다. 이러한 특성은 단순한 시청각 기술을 넘어 공간적 몰입감을 제공하는 인터페이스로 진화할 수 있는 홀로그램의 잠재력을 보여 준다. 실제로 이러한 몰입성과 입체성은 가상현실이나 증강현실 기술이 궁극적으로 지향하는 방향과도 일치한다. 현실과 가상이 혼합된 공간에서 정보와 사물, 사용자 간 경계가 흐려질 때 홀로그램은 그 중심에서 핵심 역할을 수행하게 될 것이다. 다시 말해 미래의 실감형 콘텐츠 환경에서 홀로그램은 단순한 시각 장치가 아니라 몰입과 상호작용의 주체로 기능할 것이다.

참고문헌

구보타 토시히로 지음, 이승현 옮김(2012). 《홀로그래피 입문 원리와 실제》. 진샘미디어.

이승현 외(2011). 《홀로그래피 기술과 응용》. 진샘미디어.

Goodman, J. W.(2017). *Introduction to Fourier Optics*(4th ed.). W. H. Freeman. https://www.amazon.com/Introduction-Fourier-Optics-Joseph-Goodman/dp/1319119166

Hariharan, P.(2002). *Basics of Holography*. Cambridge University Press.

Schnars, U. & Jüptner, W.(2002). Digital recording and numerical reconstruction of holograms. *Measurement Science and Technology, 13*(9). https://doi.org/10.1088/0957-0233/13/9/201

04
홀로그램의 종류

전통적 광학 홀로그램부터 디지털 홀로그래피, 현실 적용형 홀로그램 디스플레이까지 다양한 홀로그램 기술의 발전과 특징을 다룬다. 각 기술의 원리와 응용 분야, 장단점을 살펴보고, 실제 산업과 일상에서 활용되는 사례들을 소개한다.

AI와 사주?

전통적 광학 홀로그램

전통적 광학 홀로그램은 홀로그램 기술의 시초이자 가장 기본적인 형태로, 레이저 광원을 이용해 실제 물체의 3차원 정보를 정밀하게 기록하는 방식이다. 이 기술은 1960년대 레이저의 등장 이후 본격적으로 구현되기 시작했으며, 물리적 실체를 시각적으로 복제하는 새로운 방식으로 주목받았다. 전통적 광학 홀로그램은 '트랜스미션 홀로그램' 또는 '오프 액시스(off-axis) 방식 홀로그램'으로 불리며, 일반적으로는 광학 테이블 위에 물체, 반사경, 빔 스플리터, 감광 필름 등을 정밀하게 배치해 제작된다. 이때 하나의 레이저 광선을 두 갈래로 나누어 하나는 실제 물체에 반사되게 하고(물체광), 다른 하나는 직접 감광 필름에 도달하는 기준광으로 사용한다. 두 광선은 필름 위에서 만나 간섭무늬를 형성하며, 이 간섭무늬에는 물체의 형태뿐 아니라 깊이, 방향, 거리 등 입체 정보가 빛의 위상 차이로 기록된다. 이렇게 만들어진 필름에는 겉으로 보기에는 무작위적인 밝고 어두운 무늬가 형성되어 있지만, 여기에 다시 처음과 동일한 파장과 특성을 지닌 레이저 빛을 비추면 빛은 이 무늬를 따라 회절되며 원래 빛의 파면을 복원하게 된다. 그 결과 관찰자는 아무것도 없는 공간에 물체가 떠 있는 것처럼 느끼게 된다. 이것은 단순한 입체 사진과는 다른, 실제 공간에서 관찰자의 위치에 따라 시점이 달라지는 생생한 3차원 시각 경험을 제공한다. 특히 이 방식은 시차가 자연스럽게 구현되며, 좌우 이동뿐 아니라 상하 이동에도 반응하기 때문에 현실감이 매우 뛰어나다. 전통적 광학 홀로그램은 매우 정교한 광학적 세팅을 필요로 하며, 외부 진동이나 공기 흐름에도 민감하기 때문에 정밀한 실험 환경을 요한다. 또한 제작된 홀로그램을 재생하려면 다시 레이저와 같은 정합광원이 필요하기 때문에, 일반적인 조명 아래에서는 그 입체 영상을 볼 수 없다. 이러한 제약 탓에 대중적 활용에는 한계가 있었지만, 과학적 시연, 물리 실험, 예술 설치물, 교육 자료 등에서는 매우 유용하게 사용되어 왔다. 예술가들은 이러한 광학 홀로그램을 통해 실제 존재하지 않는 이미지를 공간 속에 구현하거나, 움직임과 관찰자의 시점에 따라 변화하는 독창적 작품을 창조해 왔다.

결론적으로 전통적 광학 홀로그램은 오늘날 다양한 홀로그램 기술의 기반이 된 중요한 기술이며, 빛의 본질과 파동성을 활용한 영상 기술로서 학문적 · 예술적 가치가 높다. 비록 제작 조건이 까다롭고 재현 환경이 제한적이지만, 물체의 실존감과 공간감, 현실성을 정밀하게 재현하는 측면에서는 여전히 가장 순수한 형태의 홀로그램으로 평가받는다.

정적 반사형 홀로그램과 보안용 홀로그램

정적 반사형 홀로그램은 우리가 일상에서 가장 자주 접하는 형태의 홀로그램으로, 레이저 없이도 자연광이나 백색광하에서 관찰할 수 있도록 설계된 실용적인 홀로그램 기술이다. 이 홀로그램은 반사광을 이용해 이미지를 보여 주기 때문에, 별도의 재생 장비나 복잡한 광학 조건 없이도 일반적인 조명 환경에서 선명한 입체 효과를 감상할 수 있다. 이러한 특성 덕분에 정적 반사형 홀로그램은 대중적 응용에 매우 적합하며, 특히 높은 신뢰성과 시각적 효과가 요구되는 상업 분야에서 널리 활용되고 있다. 가장 대표적인 사례는 보안용 홀로그램이다. 신용카드, 여권, 운전면허증, 고급 화폐, 제품 포장 등에 부착된 홀로그램 라벨은 모두 이 정적 반사형 홀로그램에 해당한다. 이들 홀로그램은 정밀하게 설계된 마이크로 간섭 구조를 통해 특정한 각도에서만 특정 이미지가 나타나거나, 보는 방향에 따라 색상이나 형태가 변화하는 시각 효과를 낸다. 이러한 변화는 위조를 어렵게 만들며, 소비자나 검사자가 진품 여부를 직관적으로 판단할 수 있도록 도와준다. 홀로그램 안에 숨겨진 텍스트나 마크, 육안으로는 보이지 않는 보안 요소가 포함되기도 하며, 특수 장비나 특정 각도에서만 드러나는 구조도 흔히 사용된다. 이러한 특성은 보안뿐만 아니라 브랜드 마케팅에서도 강력한 도구로 작용한다. 고급 전자기기, 명품, 프리미엄 화장품 등에서는 제품의 정체성과 신뢰성을 부각하기 위해 홀로그램 라벨을 사용하며, 일부 브랜드는 고유의 홀로그램 디자인을 통해 소비자의 시각적 인식과 기억을 동시에 강화한다. 빛에 반응해 반짝이는 입체적 시각 효과는 제품에 세련된 느낌을 더하며, 고급스러움을 연출하는 요소로 기능한다. 이처럼 홀로그램은 기술적인 보호 수단을 넘어 브랜드 이미지 제고와 소비자 경험 향상의 수단으로도 활용되고 있다. 기술적으로 보면 정적 반사형 홀로그램은 광학적 구조가 상대적으로 간단하며, 복잡한 장비 없이 대량 생산이 가능하다는 장점이 있다. 일반적으로 나노미터 단위의 미세한 간섭 구조를 금속 증착이나 엠보싱 방식으로 복제해 필름에 전사하는 과정을 거치기 때문에, 생산 단가가 낮고 공정 속도가 빠르다. 아울러 제작된 홀로그램은 내구성이 뛰어나고 오랜 시간 동안 이미지 품질이 유지되므로, 산업적 효율성 또한 매우 높다. 결과적으로 정적 반사형 홀로그램은 과학적 원리에 기반하면서도 대중적 실용성과 상업적 활용 가능성을 동시에 지닌 기술이라 할 수 있다. 보안, 위조 방지, 브랜드 가치 강화 등 다양한 목적으로 사용되며, 특수 장비 없이도 시각적 차별화를 제공할 수 있다는 점에서 오늘날 홀로그램 기술 중 가장 널리 확산된 형태 중 하나다.

디지털 홀로그래피와 컴퓨터 생성 홀로그램

디지털 홀로그래피는 전통적 광학 기반 홀로그램 제작 방식과는 전혀 다른 새로운 접근 방식으로, 빛의 간섭 패턴을 아날로그 필름에 기록하는 대신 전하 결합 소자 카메라나 이미지 센서와 같은 디지털 장치를 통해 간섭 데이터를 직접 획득하고, 컴퓨터 연산을 통해 홀로그램을 생성하고 재생하는 방식이다. 이 방식은 아날로그 방식에서 요구되던 정교한 광학 장비나 정합광 조건에 대한 의존도를 크게 줄이고, 영상을 더욱 유연하고 정밀하게 생성할 수 있다는 특징을 지닌다. 디지털 환경에서 데이터를 처리하기 때문에 실시간 조작이나 편집, 다양한 시뮬레이션과 응용이 자유롭다는 점에서 응용 범위가 매우 넓다. 특히 컴퓨터 생성 홀로그램은 실존하는 물체를 직접 촬영하지 않고 3D 모델링 데이터나 캐드

(Computer-Aided Design, CAD), 컴퓨터 단층촬영(Computed Tomography, CT) 스캔, 시뮬레이션 등 다양한 형태의 가상 데이터에 기반해 수학적으로 간섭무늬를 생성하는 기술이다. 이 방식은 실제 물체 없이도 고도의 입체 영상을 구현할 수 있다는 점에서 기존 광학 홀로그램과 확연히 다르다. 컴퓨터 생성 홀로그램은 디지털 콘텐츠와의 융합에 매우 적합하며, 시뮬레이션 환경에서 움직이는 물체나 데이터 기반 시각화가 필요한 경우에도 효과적으로 활용될 수 있다. 예를 들어 의학 분야에서는 환자의 CT 데이터를 바탕으로 장기 구조를 3D 홀로그램으로 변환해 수술 계획을 시각화할 수 있다. 과학기술 분야에서 컴퓨터 생성 홀로그램은 분자 구조나 물리 시뮬레이션 결과를 직관적으로 확인할 수 있는 인터페이스로 사용된다. 또한 디지털 홀로그래피는 실시간성과 상호작용성이 뛰어나다는 점에서 미래형 디스플레이 기술의 핵심으로 주목받고 있다. 디지털 홀로그래피에서는 고해상도 공간광 변조기를 통해 세밀한 간섭 패턴을 조절할 수 있으며, AI 기반 이미지 보정 기술을 활용해 실시간으로 노이즈를 제거하고 영상 품질을 향상할 수 있다. 여기에 고속 GPU 연산이 결합되면 복잡한 간섭 연산도 짧은 시간 안에 처리할 수 있어 실시간

3D 홀로그램 재생이 가능해진다. 이로써 디지털 홀로그래피는 홀로그램 영상회의, 원격 프레젠테이션, 교육용 인터랙티브 콘텐츠, 홀로그램 기반 내비게이션 헤드업 디스플레이, 실시간 의료 영상 분석 시스템 등 다양한 분야에 실제로 적용되고 있다. 무엇보다 디지털 홀로그래피는 그 유연성과 확장성 덕분에 새로운 콘텐츠 제작 방식으로 주목받고 있다. 기존에는 정해진 물체를 중심으로 영상이 구성되었지만, 디지털 방식은 데이터에 기반한 자유로운 생성과 편집이 가능하기 때문에 디자인, 예술, 교육, 시뮬레이션, 게임 등 다양한 분야에서 창의적 활용이 가능하다. 또한 클라우드 기반 연산이나 원격 협업 환경과도 호환이 용이해, 멀티 디바이스 환경에서도 실시간으로 홀로그램 콘텐츠를 생성하고 공유할 수 있다는 점에서 미래형 콘텐츠 플랫폼과의 결합 가능성이 매우 높다. 결국 디지털 홀로그래피는 단순히 홀로그램 기술의 한 갈래가 아니라 3차원 시각 정보를 디지털로 기록 · 처리 · 전달할 수 있는 고도화된 정보 시각화 시스템이며, 물리적 한계를 넘어선 새로운 차원의 몰입형 경험을 실현하는 핵심 기술로 자리 잡고 있다.

현실 적용형 홀로그램 디스플레이

최근 주목받는 분야 중 하나는 사용자가 실시간으로 반응하고 조작할 수 있는 현실 적용형 홀로그램 디스플레이 기술이다. 이 기술은 기술적으로 전통적 홀로그래피, 즉 레이저 간섭 기반 3차원 영상 생성 원리를 따르지는 않지만, 시각적으로 홀로그램과 유사한 입체적 시각 경험을 제공하기 때문에 넓은 의미에서 '홀로그램'이라는 이름으로 불리고 있다. 엄밀히 말해 광학적 간섭 현상을 이용해 빛의 파면을 재생하는 방식은 아니기 때문에 '진정한 홀로그램'이라기보다 홀로그램 유사 기술 혹은 홀로그램 효과 디스플레이로 분류하는 것이 정확하다. 그럼에도 현실 적용형 홀로그램 디스플레이 기술은 실제로 공중에 이미지가 떠 있는 것처럼 보이거나, 사용자의 위치나 동작에 따라 반응하기 때문에 대중의 시각에서는 홀로그램으로 인식되는 경우가 많다. 대표적인 예로는 증강현실 글래스나 혼합현실 헤드셋을 이용한 가상 이미지의 공간 배치 기술이 있다. 이는 사용자가 안경이나 머리 착용형 디스플레이(Head Mounted Display, HMD)를 통해 현실 공간 위에 디지털 이미지를 겹쳐 보는 방식으로, 영상 자체는 개인의 장치 안에서 생성되지만 눈에 보이는 이미지가 현실 공간에 존재하는 것처럼 느껴지게 만든다. 이 또한 광학적 홀로그래피는 아니지만, 몰입형 경험을 통해 사용자의 현실 감각을 증강하는 데 중요한 역할을 한다. 또 다른 예는 반사형 광학 소자에 기반한 헤드업 디스플레이 기술이다. 자동차의 전면 유리나 항공기 계기판에 주행 정보나 경고 메시지를 띄우는 방식으로, 반사광과 굴절을 이용해 사용자의 시야 안에 영상이 떠 있는 듯한 효과를 만든다. 이러한 시스템은 운전자가 시선을 도로에서 떼지 않고도 정보를 인식할 수 있도록 하며, 실용성과 안전성을 동시에 제공한다. 팬 회전형 LED 홀로그램도 현실 적용형 기술 중 하나로, 회전하는 팬 블레이드에 장착된 LED가 빠르게 점등되며 잔상 효과를 만들어 낸다. 이로써 공중에 부유하는 듯한 3차원 이미지가 나타나는 착시가 발생하며, 사람들은 이를 실제 공간에 떠 있는 디지털 객체처럼 인식하게 된다. 이 기술은 쇼핑몰, 전시장, 공연장 등에서 시선을 끌고 브랜드 이미지를 강화하는 데 효과적으로 활용되고 있다. 이러한 기술들은 대부분 전통적인 홀로그래피에서 요구되는 정합광, 간섭무늬 형성, 파면 복원과 같은 개념과는 거리가 있지만, 사용자와의 실시간 상호작용 기술과 결합되면서 실제로 존재하는 듯한 몰입감과 인터페이스 효과를 제공한다. 손짓, 음성, 시선 등의 입력을 인식하고 이에 반응하는 시스템은 사용자가 디지털 객체를 직접 조작하는 듯한 체험을 가능하게 하며, 이러한 특성은 차세대 사용자 인터페이스로서의 잠재력을 크게 확장한다. 결론적으로 현실 적용형 홀로그램 디스플레이는 엄밀한 의미에서 광학 홀로그램은 아니지만, 시각적 효과와 사용자 경험의 관점에서 매우 실용적이고 강력한 몰입 효과를 제공하는 기술이다. 상업적 · 교육적 · 엔터테인먼트적 응용에서 폭넓게 활용되고 있으며, 대중적으로는 여전히 '홀로그램'이라는 용어로 자연스럽게 받아들여지고 있다.

참고문헌

구보타 토시히로 지음, 이승현 옮김(2012). 《홀로그래피 입문 원리와 실제》. 진샘미디어.

이승현 외(2011). 《홀로그래피 기술과 응용》. 진샘미디어.

Schnars, U. & Jüptner, W.(2002). Digital recording and numerical reconstruction of holograms. *Measurement Science and Technology, 13*(9). https://doi.org/10.1088/0957-0233/13/9/201

Wallace, J.(1998.11.1). Foiling counterfeiters. Laser Focus World. https://www.laserfocusworld.com/optics/article/16547147/foiling-counterfeiters

Wikipedia. Physics of optical holography. https://en.wikipedia.org/wiki/Physics_of_optical_holography

05
아날로그에서 디지털로

초기 아날로그 홀로그램의 한계와 디지털 전환 과정을 다룬다. 컴퓨터 생성 홀로그램 기술과 3D 데이터 기반 제작 방법을 소개하며, 홀로그래픽 디스플레이와 프린팅 기술의 특징과 활용 사례를 설명한다. 홀로그램 기술의 발전이 실감형 콘텐츠 환경에 미친 영향을 간략히 살펴본다.

AI와 아이돌?

아날로그 홀로그램의 한계

초기 홀로그램 기술은 아날로그 방식으로 구현되었으며, 감광 필름 위에 직접 간섭무늬를 기록하는 고전적 광학 방식을 사용했다. 이 방식은 물체에서 반사된 물체광과 기준광이 만나 형성되는 간섭 패턴을 고정하는 것으로, 물리적으로 매우 정밀한 광학적 세팅을 요했다. 조명, 렌즈, 빔 분할기, 거울 등의 위치를 수동으로 맞추는 작업은 극도의 정밀성과 숙련도를 필요로 했으며, 외부 진동, 공기 흐름, 온도 변화 등 미세한 환경 요인에 의해 간섭무늬가 쉽게 흐트러질 수 있었다. 또한 아날로그 필름은 은염 기반 화학적 감광 소재로 이루어져 있어, 현상과 정착 등 화학 처리 과정에서 오염, 왜곡, 품질 저하 등의 문제가 자주 발생했다. 결과적으로 일관성 있는 결과물을 얻기 어렵고, 대량 생산이나 수정·재작업이 사실상 불가능에 가까운 시스템이었다.

디지털 전환의 시작과 핵심 기술 요소

이러한 한계를 극복하기 위해 등장한 것이 디지털 홀로그램 기술이다. 디지털 전환은 크게 두 가지 방향에서 이루어졌다. 하나는 전하 결합 소자나 상보적 금속 산화막 반도체(Complementary Metal-Oxide-Semiconductor,

CMOS) 이미지 센서를 이용해 간섭무늬를 디지털 신호로 직접 기록하는 방식이며, 다른 하나는 실제 물체 없이 컴퓨터로 3차원 모델을 생성하고, 이를 수학적으로 계산해 간섭무늬를 시뮬레이션하는 컴퓨터 생성 홀로그램 방식이다. 디지털 방식은 물리적 환경에 대한 의존도를 줄이고 반복 제작과 정밀한 수정이 가능하다는 점에서 기존 방식과 큰 차이를 보인다. 또한 실시간 연산 기술과 고속 GPU 연산의 발전은 복잡한 3D 파면 계산을 빠르게 처리할 수 있게 했고, 그 결과 홀로그램 생성 시간이 획기적으로 단축되었다. 사람의 손에 의존하던 작업이 디지털 알고리즘과 제어 시스템으로 대체되며 홀로그램 기술은 안정성과 확장성을 동시에 확보했다.

실제 물체 없는 3D 데이터 기반 홀로그램 생성

디지털 환경에서는 실제 물체 없이도 홀로그램을 제작할 수 있다. 3D 모델링 소프트웨어, CAD 파일, CT 또는 MRI 의료 영상, 3D 스캔 데이터 등 다양한 형태의 디지털 데이터를 활용해 가상의 물체를 정의하고, 이로부터 간섭무늬를 계산해 홀로그램을 생성한다. 이는 기존 아날로그 홀로그램이 반드시 실물을 필요로 했던 것과는 본질적으로 다른 패러다임이다. 복잡한 구조물이나 실제로 존재하지 않는 개념적 대상도 홀로그램으로 구현할 수 있으며, 변화하는 데이터를 실시간으로 반영할 수 있어 매우 유연하다. 이러한 방식은 특히 의료, 과학 시각화, 제품 설계, 시뮬레이션 교육 등에서 큰 효과를 발휘하며, 홀로그램 기술의 응용 범위를 획기적으로 확장했다. 또한 물리적 촬영 없이도 홀로그램을 제작할 수 있게 되면서 콘텐츠 제작의 자유도와 창의성도 높아졌다.

디지털 홀로그램의 응용으로서 프린팅 기술

디지털 홀로그래피의 응용은 크게 두 갈래로 나뉜다. 하나는 실시간으로 재생 가능한 홀로그래픽 디스플레이 기술, 다른 하나는 정적 정보를 고해상도로 기록하는 홀로그래픽 프린팅 기술이다. 홀로그래픽 디스플레이는 컴퓨터 생성 홀로그램 데이터에 기반해 공간광 변조기를 통해 실시간으로 홀로그램을 구현하는 방식으로, 회의, 원격 강의, 3D 시뮬레이션, 헤드업 디스플레이 등에 활용되고 있다. 실시간성, 상호작용성, 복잡한 데이터 처리 능력이 핵심이며, 기존 디스플레이의 평면적 한계를 뛰어넘는다. 반면 홀로그래픽 프린팅 기술은 디지털로 계산된 간섭무늬를 고해상도로 프린팅해 고정된 형태의 정적 홀로그램을 제작하는 방식이다. 초고해상도의 미세 패턴이 수 나노미터 단위로 기록되어야 하며, 정밀한 레이저 및 광학 시스템이 필요하다. 주로 예술품, 전시 콘텐츠, 보안용 홀로그램 등에 사용되며, 그 산업적 가치가 매우 크다. 이처럼 아날로그에서 디지털로의 전환은 단순한 기술 개선이 아니라 홀로그램의 제작 방식과 활용 방식 전반을 뒤바꾼 근본적인 변화며, 앞으로의 실감형 콘텐츠 환경을 주도할 기반 기술로서 더욱 발전할 것으로 기대된다.

참고문헌

Zhang, J. et al.(2021). A Review of Common-Path Off-Axis Digital Holography. *Light: Advanced Manufacturing, 2*(3), pp.333-349.
https://doi.org/10.37188/lam.2021.023

Zlokazov, E. Y. et al.(2022). Computer-Generated Holograms Application in Security Printing. *Applied Sciences, 12*(7).
https://doi.org/10.3390/app12073289

06
홀로그램 AI 콘텐츠 기획과 제작

컴퓨터 생성 홀로그램 제작의 복잡한 연산 문제를 AI 기반 가속 기법으로 해결하는 내용을 다룬다. 딥러닝을 활용해 연산 효율을 높이는 방식과 3D 모델링부터 콘텐츠 자동 생성과 스타일 변환까지 AI의 다양한 적용 사례를 설명한다. 또한 AI가 홀로그램 기획과 창작 협업에 어떻게 기여하는지 소개한다.

AI와 야구?

컴퓨터 생성 홀로그램 생성 시간 단축을 위한 AI 기반 가속 기법

컴퓨터 생성 홀로그램은 3D 데이터로부터 간섭무늬를 계산하는 과정에서 복잡한 광학 모델과 수치 연산을 요하므로, 고품질 이미지를 생성하는 데 매우 많은 시간이 소요된다. 특히 고해상도 공간광 변조기를 위한 컴퓨터 생성 홀로그램 패턴은 수백만 픽셀 단위로 계산되기 때문에 단 하나의 프레임을 만드는 데도 수 초에서 수 분 이상 걸리는 경우가 많다. 이를 해결하기 위해 최근에는 딥러닝 기반 추론 모델을 활용한 AI 가속 기법이 도입되고 있다. 학습된 신경망은 기존 물리 계산 없이도 유사한 간섭무늬를 빠르게 예측하거나, 초깃값을 제공해 연산 횟수를 획기적으로 줄여 준다. 이러한 방식은 특히 실시간성을 요구하는 홀로그램 영상 스트리밍, 인터랙티브 콘텐츠, 전시 · 퍼포먼스 연출 등에 큰 강점이 있다.

AI를 활용한 홀로그램 연산의 효율화와 최적화

홀로그램 제작에 필요한 연산은 광선 추적(ray tracing), 회절 계산(diffraction propagation), 위상 보정(phase compensation) 등 다양한 수치 해석 과정을 포함한다. 이 연산들은 매우 높은 연산량을 요하기 때문에, GPU 기반 병렬 처리나 클라우드 컴퓨팅과 결합해 수행하는 것이 일반적이다. 최근에는 AI가 이 연산 경로를 자동으로 최적화하거나 비효율적인 반복 계산을 줄이는 데 활용되고 있다. 예를 들어 강화학습에 기반한 최적화 알고리즘은 수천 번의 반복 계산 없이도 최적의 위상 배열을 빠르게 도출할 수 있으며, 생성된 컴퓨터 생성 홀로그램의 품질을 자동 평가해 불필요한 재계산을 줄인다. 이로써 전체 제작 파이프라인의 계산 부하가 줄어들고, 저사양 장비에서도 고품질 홀로그램 콘텐츠 생성이 가능해진다.

3D 홀로그램 콘텐츠 제작을 위한 AI 기반 모델링

홀로그램 콘텐츠의 핵심은 시각적으로 설득력 있는 3차원 객체다. 기존 3D 모델링은 전문가가 소프트웨어를 이용해 손수 제작하는 과정이 많았으나, 최근에는 AI가 3D 콘텐츠 생성 과정에도 적극적으로 도입되고 있다. 텍스트에서 3D 오브젝트를 생성하는 텍스트-투-3D 생성 모델, 사진 한 장으로 정면과 측면 정보를 보간하는 뷰합성 기술, 여러 각도의 이미지로부터 3D 메시를 자동 복원하는 신경망 기반 재구성 기법 등이 대표적이다. 이러한 기술들은 홀로그램 제작에 적합한 형식으로 변환

될 수 있으며, 실제 물체가 없는 상태에서도 자유로운 가상 객체 제작을 가능하게 한다. 특히 컴퓨터 생성 홀로그램에 필요한 구조 단순화, 경계 정리, 투명도 조절 등도 AI가 자동으로 처리할 수 있어 콘텐츠 제작의 진입 장벽을 크게 낮춘다.

홀로그램 콘텐츠의 자동 생성과 스타일 변환

AI는 단순한 모델링을 넘어 콘텐츠 자체를 자동 생성하거나 기존 홀로그램에 새로운 스타일을 입히는 데도 활용된다. 예를 들어 여러 가지 학습 데이터를 기반으로 특정 주제에 맞는 캐릭터, 사물, 배경 요소 등을 조합해 자동 생성하는 생성형 AI 시스템은 홀로그램 콘텐츠의 기획과 제작 시간을 획기적으로 줄여 준다. 또한 생성된 홀로그램에서 색감, 입자 효과, 광원 방향 등을 자동 조절해 특정 연출 스타일로 변환하거나, 특정 장르(SF, 전통, 미니멀 등)에 맞게 재해석하는 스타일 트랜스퍼 기술도 적용할 수 있다. 이는 반복 작업이 많은 전시용 홀로그램 콘텐츠나 브랜딩에 특화된 시각 효과 구현에 특히 유용하다.

창작 협업 도구로서의 AI와 홀로그램 기획 프로세스

AI는 단지 연산을 빠르게 하는 도구가 아니라, 창작 과정 전반에 걸쳐 기획자와 디자이너, 개발자 간 협업을 매개하는 인터페이스로 진화하고 있다. 예를 들어 기획자가 입력한 키워드나 콘셉트 문장을 바탕으로 AI가 자동으로 홀로그램 연출 시나리오를 제안하고, 이에 따라 사용할 3D 요소나 애니메이션 시퀀스를 추천하는 시스템이 등장하고 있다. 또한 AI가 다양한 시뮬레이션 결과를 기반으로 사용자의 시선 이동, 몰입도, 피로도 등을 예측해 더욱 사용자 친화적인 콘텐츠를 설계할 수 있도록 도와준다. 이러한 기능은 단순한 기술적 도구를 넘어 콘텐츠 기획 그 자체를 돕는 창작 파트너로서 AI의 역할을 확장하는 흐름이다.

참고문헌

Ackerman, D.(2021.3.10). Using artificial intelligence to generate 3D holograms in real-time. MIT News. https://news.mit.edu/2021/3d-holograms-vr-0310

Eybposh, M. H. et al.(2020). DeepCGH: 3D computer-generated holography using deep learning. *Optics Express*, *28*(18). https://opg.optica.org/oe/abstract.cfm?uri=oe-28-18-26636

Gentet, P. et al.(2023). Recording of full−color snapshot digital holographic portraits using neural network image interpolation. *Applied Sciences, 13*(22).

Gentet, P. et al.(2024). From Text to Hologram: Creation of High−Quality Holographic Stereograms Using Artificial Intelligence. *Photonics, 11*(9). https://www.mdpi.com/2304−6732/11/9/787

Ishii, Y. et al.(2021). Optimization of phase-only holograms calculated with scaled diffraction calculation through deep neural networks. ArXiv. https://arxiv.org/abs/2112.01970

Zhong, C. et al.(2023). Real-time 4K computer-generated hologram based on encoding conventional neural network with learned layered phase. *Scientific Reports, 13*. https://www.nature.com/articles/s41598−023−46575−1

Zlokazov, E. Y. et al.(2022). Computer−Generated Holograms Application in Security Printing. *Applied Sciences, 12*(7). https://doi.org/10.3390/app12073289

07
AI와 디지털 홀로그램 기술

딥러닝 기반 컴퓨터 생성 홀로그램 생성 가속 기술과 AI 제어 알고리즘을 통한 홀로그램 품질 향상 내용을 다룬다. 또한 AI 기반 3D 복원, 위상 최적화 기술, 생성형 AI를 활용한 실시간 콘텐츠 자동 생성과 스타일 변환 사례를 소개한다. AI가 홀로그램 제작 과정의 효율성과 창작 가능성을 크게 확장하는 핵심 요소임을 설명한다.

AI와 윤동주?

딥러닝 기반 컴퓨터 생성 홀로그램 생성 가속 기술

디지털 홀로그램 콘텐츠 제작의 핵심 과정 중 하나는 3차원 객체로부터 컴퓨터 생성 홀로그램을 생성하는 작업이다. 이 컴퓨터 생성 홀로그램 생성 과정은 간단한 연산이 아니라 복잡한 광학 모델에 기반한 정밀한 수치 계산을 포함한다. 일반적으로 회절 계산, 파면 재구성, 위상 최적화 등 복합적인 계산 절차가 포함되며, 특히 고해상도 공간광 변조기에 맞춘 패턴을 만들기 위해서는 수백만 개의 픽셀 단위 데이터를 반복적으로 처리해야 한다. 이 과정은 물리적 정확도를 확보해야 하므로 시간이 오래 걸리며, 실시간성이 요구되는 응용에 적합하지 않다는 단점이 있었다. 이를 해결하기 위해 최근에는 딥러닝 기술이 컴퓨터 생성 홀로그램 생성 과정에 도입되고 있다. 특히 합성곱 신경망(Convolutional Neural Network)이나 U-Net 구조에 기반한 예측 모델이 많이 활용되고 있으며, 이로써 3D 모델과 해당 모델의 이상적인 컴퓨터 생성 홀로그램 데이터를 대량 학습시켜 새로운 3D 입력에 대한 간섭무늬를 빠르게 예측할 수 있게 되었다. 물리 기반 연산을 모두 생략하는 것은 아니지만, 복잡한 계산 과정 중 일부를 신경망이 빠르게 대체함으로써 처리 속도를 획기적으로 단축하고 있다. 이러한 방식은 실시간 홀로그램 스트리밍, 대화형 퍼포먼스, 공연 무대 연출 등 시간 제약이 큰 분야에서 특히 유리하며, 기존 고전적 컴퓨터 생성 홀로그램 방식의 수십 배 이상으로 속도를 높이는 효과를 보이고 있다. 일부 연구에서는 생성적 적대 신경망(Generative Adversarial Network, GAN)을 활용해 컴퓨터 생성 홀로그램 생성 품질을 향상하는 방법도 제안되고 있으며, 품질과 속도 향상이라는 이중 목표를 달성하는 데 AI 기술이 결정적 역할을 하고 있다.

광변조기 최적화를 위한 AI 제어 알고리즘

공간광 변조기는 컴퓨터 생성 홀로그램을 실제 빛의 패턴으로 구현하기 위한 핵심 디바이스로, 픽셀 단위로 위상이나 진폭을 조절해 원하는 파면을 만들어 낸다. 하지만 장치의 현실적 제약으로 인해 해상도, 위상 조절 정밀도, 반응 속도 등에서 이상적인 제어가 불가능하며, 그 결과 출력되는 홀로그램 품질에 손상이 발생하게 된다. 예컨대 위상 간섭이 발생하거나 회절 강도가 약화되며, 이미지가 흐릿하거나 왜곡되는 문제가 자주 발생한다. 이러한 문제를 해결하기 위한 AI 기반 제어 및 보정 알고리즘이 적극적으로 연구되고 있다. 첫째 방식은 딥러닝을 활용한 디지털 보상 기법으로, 공간광 변조기의 물리적 특성과 왜곡 양상을 사전에 학습해 보정하는 방식이다. 예를 들어 위상 비선형성, 픽셀 간 간섭, 반사율 차이 등을 고려한 시뮬레이션 데이터를 기반으로 정밀하게 보정 맵을 생성하고, 입력되는 컴퓨터 생성 홀로그램 패턴을 자동으로 수정해 최적화된 파면을 구현할 수 있다. 둘째 방식은 강화학습 기반 제어로, 실시간 피드백 루프를 구성해 출력 이미지를 모니터링하고 반복적으로 최적의 위상 배열을 탐색하는 알고리즘이다. 이 방식은 환경 변화나 공간광 변조기 노후화에도 유연하게 적응할 수 있다는 장점을 지니며, 전반적인 디스플레이 품질을 유지하는 데 효과적이다. 이러한 AI 제어 기술은 단순한 품질 개선을 넘어 전체 시스템의 에너지 효율, 연산 자원 절약, 사용자 중심 자동 보정 기능 등 다양한 이점을 제공하며, 고정밀 홀로그램 구현의 핵심 요소로 자리 잡고 있다.

AI 기반 3D 복원과 깊이 추정 기술

디지털 홀로그램 콘텐츠는 실물 기반 광학 촬영 없이도 3차원 객체를 디지털 환경에서 재현할 수 있다. 이를 가능하게 하는 것이 바로 3D 복원 기술이다. 이 기술에서는 특히 AI 기반 깊이 추정 및 복원 알고리즘이 중요한 역할을 한다. 전통적 3D 복원 기술은 여러 각도에서 촬영된 이미지 데이터를 기반으로 복잡한 기하학 계산을 수행했으나, 최근에는 AI 모델이 단일 이미지 혹은 소량의 이미지 정보만으로도 깊이 정보를 정밀하게 추정할 수 있게 되었다. 대표적인 예로는 합성곱 신경망 기반 깊이 추정 모델이 있다. 이 모델은 2D 이미지에서 각 픽셀의 거릿값을 예측해 깊이 맵을 생성한다. 더 나아가 트랜스포머(Transformer) 구조를 활용한 최신 모델은 시야 전체의 문맥 정보를 고려해 더 정밀하고 안정적인 3D 구조 예측을 가능하게 한다.

또 다른 방식으로는 다중 시점 입력을 활용하는 멀티뷰 스테레오(Multi-View Stereo, MVS) 모델이 있다. 이 모델은 여러 이미지 간 시차 정보를 통해 밀도 높은 포인트 클라우드나 메시 형태의 3D 데이터를 추출할 수 있다. 최근에는 신경 방사 필드(Neural Radiance Field, NeRF) 기술이 주목받고 있는데, 이는 신경망을 통해 공간의 밀도와 색 정보를 연속적으로 표현하고, 임의의 시점에서 해당 장면을 재구성하는 기술이다. 이러한 AI 기반 3D 복원 기술은 컴퓨터 생성 홀로그램의 생성 전 단계에서 고정밀 입체 데이터를 제공하며, 특히 실시간 3D

홀로그램 회의, 원격 진료, 디지털 트윈 응용에서 중요한 기반 기술로 작용하고 있다.

위상 최적화와 AI 기반 위상 복원 기술

컴퓨터 생성 홀로그램을 생성하는 과정에서 위상 정보를 얼마나 정밀하게 처리하느냐는 시각적 품질을 결정하는 중요한 요소다. 전통적 방식에서는 광학 장비나 수학적 최적화 알고리즘을 사용해 위상 정보를 유도했으나 노이즈, 환경 오차, 센서의 한계 탓에 불완전한 결과가 자주 발생했다. 특히 진폭 정보는 비교적 측정이 용이하지만, 위상 정보는 직접 측정이 어려워 추정이나 역산 방식에 의존해야 한다는 점이 문제였다. 이 문제를 해결하기 위해 최근에는 AI 기반 위상 복원 기술이 활발히 연구되고 있다. 방식 중 하나는 위상-진폭 분리 네트워크로, 입력된 복소수 형태의 데이터를 통해 위상만을 정밀하게 추출하거나 복원할 수 있도록 학습시킨 딥러닝 모델이다. 이 방식은 기존 수학 모델보다 훨씬 빠르고 안정적으로 위상을 복원할 수 있다.

또 다른 방식은 위상 보정 생성적 적대 신경망으로, 낮은 품질의 위상 패턴을 고해상도로 보정하거나 노이즈가 심한 위상 정보를 정제된 형태로 복원하는 데 사용된다.

여기에 더해 최근에는 물리 기반 모델과 신경망을 결합한 하이브리드 방식이 등장하고 있으며, 이는 기존 광학 법칙을 보존하면서도 AI의 일반화 능력을 활용할 수 있는 균형 잡힌 구조를 제공한다. 이러한 기술들은 실시간 위상 제어, 센서 없는 홀로그램 구현, 고주파 정보의 복원 등 다양한 응용에 매우 유용하며, 궁극적으로는 디지털 홀로그램의 품질과 정밀도를 근본적으로 끌어올리는 데 기여하고 있다.

생성형 AI와 실시간 콘텐츠 제작 자동화

생성형 AI 기술은 최근 콘텐츠 제작의 패러다임을 변화시키고 있으며, 이는 홀로그램 콘텐츠 제작 분야에서도 예외가 아니다. 특히 텍스트, 음성, 이미지 등 다양한 입력으로부터 3D 콘텐츠를 자동 생성하거나 기존 콘텐츠의 형태와 스타일을 변환하는 AI 모델은 홀로그램 기획과 구현 전반에 걸쳐 폭넓게 응용되고 있다. 대표적인 예는 텍스트-투-3D 모델로, 사용자가 "산책하는 로봇 강아지"와 같은 문장을 입력하면 해당 내용을 바탕으로 움직임을 포함한 3D 모델이 자동 생성된다. 이 과정은 자연어 처리 모델과 3D 모델 생성 네트워크가 결합해 작동하며, 콘텐츠 기획자가 별도의 3D 툴 없이도 복잡한 장면을 손쉽게 구성할 수 있게 한다.

또한 생성적 적대 신경망 기반 이미지-투-이미지 변환 모델을 활용하면 기존 컴퓨터 생성 홀로그램 이미지에 특정 스타일이나 분위기를 입히는 것도 가능하다. 예를 들어 SF 스타일, 동양화풍, 미래지향적 톤 등으로 자동 변환하거나, 시점 변경에 따라 자연스럽게 오브젝트의 위치와 명암을 조절할 수 있다. 최근에는 시청자의 생체 정보(시선, 동공 반응, 심박수 등)를 실시간으로 분석해 콘텐츠를 동적으로 조절하는 AI도 등장하고 있다. 이로써 몰입감이 높을수록 이미지의 해상도를 높이고, 집중도가 낮아질 경우 콘텐츠를 변환하거나 인터랙션을 유도하는 적응형 콘텐츠 설계가 가능해졌다. 이러한 AI 기술은 시간을 줄이는 도구를 넘어 창의적 기획을 지원하고 사용자 맞춤형 콘텐츠를 실현하는 중심 기술로 진화하고 있다.

참고문헌

Chen, L. W. et al.(2024). Deep-computer-generated holography with temporal-focusing and a digital propagation matrix for rapid 3D multiphoton stimulation. *Optics Express*, *32*(2), pp.2321-2332.
https://doi.org/10.1364/OE.505956

Eybposh, M. H. et al.(2020). DeepCGH: 3D computer-generated holography using deep learning. *Optics Express, 28*(18), pp.26636-26650.
https://doi.org/10.1364/OE.399624

Horisaki, R. et al.(2018). Deep-learning-generated holography. *Applied Optics, 57*(14), pp.3859-3863.
https://doi.org/10.1364/AO.57.003859

Hwang, L. et al.(2024). Enhancing Document Security with Computer Generated Hologram Encryption: Comprehensive Solution for Mobile Verification and Offline Decryption. *International Journal of Internet, Broadcasting and Communication, 16*(1), pp.169-175.

Xie, S. et al.(2025). MobileHolo: A Lightweight Complex-Valued Deformable CNN for High-Quality Computer-Generated Hologram. ArXiv.
https://arxiv.org/abs/2506.14542

08
홀로그램의 활용 분야

다양한 분야에서의 홀로그램 기술 활용과 혁신 효과를 간략히 소개한다. 홀로그램 기술은 의료, 산업, 교육, 국방, 문화, 마케팅에서 입체적 시각화와 몰입형 체험을 제공하며, AI와 결합해 미래 콘텐츠 발전을 주도할 것으로 전망된다.

AI와 한의학?

의료 분야에서의 홀로그램 활용

홀로그램 기술은 의료 진단, 수술 시뮬레이션, 교육 훈련 등 다양한 영역에서 활용되고 있으며, 특히 정밀성과 직관성이 필요한 현대 의료 환경에서 그 중요성이 점점 높아지고 있다. 3D 홀로그램을 통해 인체 기관이나 병변을 실시간으로 시각화하면 의료진은 기존 2D 영상으로는 파악하기 어려운 구조적 특성을 더욱 쉽게 이해할 수 있다. 이러한 입체적 영상은 복잡한 수술을 계획하는 데 큰 도움이 되며, 실제 수술 중에도 홀로그램을 보조 디스플레이로 활용함으로써 수술의 정확도를 높일 수 있다. 특히 뇌신경외과, 심장수술, 정형외과 등 고도의 정밀성이 요구되는 분야에서는 CT, MRI 등의 영상에 기반해 만든 환자 맞춤형 홀로그램이 큰 역할을 한다.

또한 의과대학이나 전문 교육기관에서는 해부학 실습 대신 홀로그램을 통해 인체 구조를 반복적으로 학습할 수 있으며, 병원에서도 신규 의료진의 교육이나 환자의 증상 설명 등에 홀로그램을 활용하는 사례가 늘고 있다. 이러한 기술은 의료 정보의 전달력을 향상하고, 환자와의 소통을 더욱 명확하게 할 수 있게 한다. 원격 의료와 결합되면 지역 간 의료 격차 해소에도 기여할 수 있으며, 디지털 헬스케어 기술과 함께 발전할 것으로 기대된다.

산업 및 제조 분야에서의 홀로그램 활용

홀로그램은 설계 및 제조 공정의 시각화 도구로서 산업계에서 활발하게 활용되고 있으며, 특히 제품의 초기 디자인 시뮬레이션, 구조 검토, 조립 순서 시각화 등 다양한 단계에서 효율성을 극대화하는 데 기여하고 있다. 예를 들어 항공기나 자동차 부품과 같은 복잡한 설비를 제작하는 과정에서 실제 시제품을 만들기 전에 홀로그램을 통해 전체 구조를 검토하고 잠재적인 설계 오류나 충돌 가능성을 사전에 발견할 수 있다. 이러한 사전 검토는 불필요한 제작 비용을 줄이고, 제품의 품질 향상에도 직접적인 영향을 미친다. 또한 증강현실과 홀로그램 기술을 결합하면 현장에서 작업자가 복잡한 장비를 조작하거나 유지보수를 수행할 때 시각적으로 안내받으며 작업할 수 있어 교육 비용 절감과 작업 속도 향상이라는 이점을 가져온다. 특히 증강현실 글래스나 투명 디스플레이를 통해 홀로그램 정보를 제공받는 방식은 실시간 피드백과 결합될 수 있어 산업 안전 측면에서도 큰 장점을 지닌다.

향후에는 AI와 연계된 예측 정비 시스템에도 홀로그램 인터페이스가 통합되어 더욱 스마트한 산업 생태계로의 진화를 이끌 수 있을 것이다.

교육 및 연구에서의 홀로그램 활용

홀로그램 기술은 전통적 교육 방식의 한계를 극복하고 학습자 중심 몰입형 교육 환경을 제공함으로써 새로운 교육 혁신을 가능하게 한다. 예를 들어 과학 수업에서는 분자 구조, 세포 분열 과정, 지질 활동 등을 3D 홀로그램으로 구현해 학생들이 복잡한 개념을 직관적으로 이해할 수 있게 한다. 역사 수업에서도 고대 유적지, 인물 재현 등을 홀로그램으로 시각화해 마치 타임머신을 타고 과거로 돌아간 듯한 몰입형 체험 수업이 가능하다. 이는 단순한 지식 전달을 넘어 학습자의 상상력과 창의력을 자극하는 데 효과적이다. 연구 분야에서는 다양한 실험 시뮬레이션이나 데이터 시각화에 홀로그램 기술이 활용되고 있다. 예를 들어 천문학에서 우주의 별자리 분포를 3D로 재현하거나, 물리학에서 입자의 궤도와 상호작용을 입체적으로 분석할 수 있다. 공학 분야에서는 복잡한 알고리즘의 구조나 기계 부품의 응력 분포를 시각화해 설계 최적화에 활용하며, 인문학에서도 고문서나 예술품 복원에 홀로그램 기술이 도입되고 있다. 이러한 다양한 활용은 학제 간 융합 교육의 촉매제로도 작용하고 있다.

국방 및 시뮬레이션 분야에서의 홀로그램 활용

홀로그램 기술은 국방 및 안보 분야에서 고도의 몰입형 시뮬레이션을 제공함으로써 전략 수립과 훈련 효율성을 높이고 있다. 대표적인 예로는 3D 전장 지도를 홀로그램으로 구현해 지휘관이 전투 지형을 입체적으로 파악하고, 병력의 이동 경로나 병참선을 시뮬레이션할 수 있도록 지원하는 시스템이 있다. 이를 통해 실시간으로 다양한 작전 시나리오를 검토하고, 예상되는 위협에 유연하게 대응할 수 있다. 또한 이러한 입체 시뮬레이션은 정보 공유 및 협업 회의에서도 효과적이며, 지휘 통제 체계의 의사결정 속도를 높이는 데 기여하고 있다.

병사 개인 훈련에서도 홀로그램 기반 전투 시뮬레이터는 중요한 역할을 한다. 전투기 조종 훈련, 전차 조작 훈련, 사격 시뮬레이션 등은 실제 환경과 유사한 공간을 재현해 반복 실습을 가능하게 한다. 이러한 훈련 시스템은 장비 소모를 줄이고 위험 요소를 최소화할 수 있다는 점에서 효율적이며, 심리적 스트레스 상황에서도 냉정한 판단 능력을 기를 수 있도록 설계되어 있다. 미래에는 드론 군집 작전, 사이버전 대응 등 새로운 군사 영역에서도 홀로그램 기반 시뮬레이션이 필수 요소로 자리 잡을 것으로 보인다.

문화예술 및 공연 콘텐츠로의 확장

홀로그램 기술은 문화예술 분야에 새로운 창작 방식과 감상 경험을 제공하며, 무형문화의 디지털 아카이빙 및 재현, 공연예술의 혁신적인 무대 연출 등 다양한 형태로 확산되고 있다. 대표적 사례로는 가상 캐릭터와 실제 배우가 함께 공연하는 무대, 사망한 아티스트의 공연을 홀로그램으로 재현해 관객과의 정서적 연결을 이어 가는 형태가 있다. 이러한 방식은 단순한 감상이 아니라 관객 참여형 인터랙션 공연이라는 새로운 장르를 만들어 내고 있으며, 팬덤 문화와 결합해 상업적 성공도 이끌어 내고 있다. 전시 분야에서는 홀로그램을 활용해 유물을 360도로 회전하거나, 파손된 부분을 디지털로 복원해 보여 주는 방식이 점차 확산되고 있다. 특히 어린이나 청소년 대상 교육 전시에서 높은 몰입감을 제공해 학습 효과를 배가한다는 장점이 있다.

박물관, 미술관, 테마파크 등에서 홀로그램이 단순한 보조 수단이 아니라 주 전시 콘텐츠로 활용되면서, 예술과 기술의 융합 사례로 주목받고 있다. 이러한 흐름은 향후 홀로그램 기반 예술 창작 플랫폼의 등장과도 연결되며, 예술가들이 새로운 방식으로 창작과 표현을 실현할 수 있도록 도울 것이다.

마케팅 및 커머스 환경에서의 혁신

홀로그램 기술은 마케팅 및 커머스 분야에서 소비자와의 접점을 극대화하고, 몰입도 높은 체험을 통해 구매 전환율을 높이는 수단으로 활용되고 있다. 예를 들어 백화점이나 쇼핑몰에서는 제품이 공중에 떠 있는 듯한 시각적 효과를 주는 홀로그램 디스플레이를 통해 고객의 시선을 끌고, 제품의 구조나 사용 방식을 실시간으로 시연할 수 있다. 이러한 디스플레이는 단순 정보 제공을 넘어 감성적 연결을 유도하고 브랜드 이미지 제고에 긍정적인 영향을 미친다. 온라인 커머스에서도 홀로그램 기술은 새로운 기회를 제시하고 있다. 가상 착용, 가구 배치 시뮬레이션, 자동차 외관 비교 등 다양한 형태로 활용되며 소비자가 구매 전에 물리적으로 제품을 체험하는 것 같은 느낌을 받을 수 있도록 한다.

특히 AI와 결합하면 고객의 구매 패턴이나 선호도에 따라 홀로그램 쇼핑 어시스턴트가 맞춤형 상품을 추천하거나 구매 유도 전략을 실시간으로 조정할 수 있다. 향후에는 홀로그램 광고판, 인터랙티브 키오스크, 사물인터넷 연동 제품 디스플레이 등과 함께 상업 공간의 패러다임을 완전히 바꿔 놓을 것으로 기대된다.

참고문헌

Bermejo, N. et al.(2023). Augmented Reality Holographic Visualization System for Surgery Auxiliary Visualization: Proof of Concept for Surgical Training. PubMed. https://pubmed.ncbi.nlm.nih.gov/38083752/

Blanche, P.-A.(2021). Holography, and the future of 3D display. *Light: Science & Applications, 2*(4), pp.446-459. https://www.light-am.com/fileGXJZZ/journal/article/xjzz/2021/4/PDF/LAM2021050011.pdf

Dolega-Dolegowski, D. et al.(2022). Application of holography and augmented reality based technology to visualize the internal structure of the dental root- a proof of concept. *Head & Face Medicine, 18*(1). https://head-face-med.biomedcentral.com/articles/10.1186/s13005-022-00307-4

Gentet, P. et al.(2025). From Google Earth Studio to Hologram: A Pipeline for Architectural Visualization. *Applied Sciences, 15*(11).

Haleem, A. et al.(2020). Holography applications toward medical field: An overview. *Indian Journal of Radiology and Imaging, 30*(3), pp.354-361. https://www.ncbi.nlm.nih.gov/pmc/articles/PMC7694722/

Hwang, L. et al.(2022). Uniformity improvement of a reconstructed-holographic image in a near-eye display system using off-axis HOE. *Optics Express, 30*(12), pp.21439-21454.

Liang, Z. et al.(2025). Educational holographic cultural and creative product design for museums. Proceedings of SPIE,

13509, 135091B.
https://doi.org/10.1117/12.3057999

09
홀로그램 기술의 한계와 AI 해결점

홀로그램 기술의 현재 사용자 경험 한계와 AI를 통한 인터랙티브 향상, 콘텐츠 제작 복잡성 극복을 위한 생성형 AI의 역할, 비용이 높고 복잡한 시스템 문제를 AI 기반 자동화와 경량화로 해결하는 기술 동향을 소개한다.

AI와 화장품?

사용자 경험의 제약과 몰입감 부족 문제

현재 홀로그램 기술은 시각적 임팩트는 크지만, 사용자 경험 측면에서는 여전히 상호작용 수준이 제한적이고 몰입감이 부족하다는 문제를 안고 있다. 대부분의 홀로그램 시스템은 단방향 콘텐츠 재생에 머물러 있으며, 사용자의 제스처나 시선, 음성 등에 반응하는 인터페이스는 제한적으로 구현되어 있다. 특히 일반 대중이 직접 체험할 수 있는 상업적 공간에서는 기술적 복잡성, 높은 비용, 사용자 중심 UI · UX 설계의 미비로 인해 인터랙티브한 경험이 충분히 제공되지 못하고 있다. 이러한 구조적 한계는 사용자의 감정, 취향, 반응을 실시간으로 반영하지 못하는 데서 비롯되며, 이는 몰입형 콘텐츠의 본질적 강점을 충분히 살리지 못하는 원인으로 작용한다.

이러한 문제를 해결하기 위해 AI 기술이 적극적으로 접목되고 있다. 예를 들어 사용자의 표정, 시선, 음성 명령, 행동 패턴 등을 실시간으로 인식하고 분석해 콘텐츠를 자동으로 조절하거나, 사용자 데이터에 기반해 맞춤형 경험을 제공하는 AI 기반 인터페이스가 도입되고 있다. 감정 인식 알고리즘을 통해 사용자의 감정 상태에 따라 콘텐츠의 분위기나 흐름을 조정할 수 있으며, 머신러닝 기반 사용자 취향 분석을 통해 개인화된 콘텐츠 추천도 가능하다. 이로써 홀로그램 콘텐츠는 더 이상 수동적인 영상이 아니라 사용자의 상태에 따라 능동적으로 반응하는 인터랙티브 시스템으로 진화하고 있다. 궁극적으로 이러한 AI 기반 UX 강화는 사용자 몰입감을 극대화하고, 더욱 풍부하고 기억에 남는 경험을 제공할 수 있게 한다.

콘텐츠 제작의 복잡성과 자동화 부족

홀로그램 콘텐츠는 일반적인 2D 영상에 비해 제작 과정이 훨씬 복잡하고 시간이 오래 걸린다. 고정밀의 3D 모델링, 광학적 시뮬레이션, 간섭무늬 연산 등 전문적 기술과 고가의 장비가 필요하며, 소수의 전문가 중심 제작 환경에서 벗어나기 어렵다는 한계를 지닌다. 콘텐츠 제작 주기가 길어지면서 신속한 기획 및 업데이트가 어렵고, 결과적으로 다양한 콘텐츠 생산이 제한되며, 이는 사용자 경험의 다양성과 깊이를 저해하게 된다. 특히 실시간 콘텐츠 생성이 필요한 응용 분야에서는 이러한 제작 속도의 한계가 치명적 제약으로 작용한다. 이러한 제약을 극복하는 데 생성형 AI 기술이 주목받고 있다. 텍스트 설명만으로 3D 객체를 생성하는 AI 모델, 이미지 한 장으로 3D 모델을 복원하는 기술, 음성 명령을 통해 애니메이션을 적용하는 시스템 등이 등장하고 있으며, 이는 콘텐츠 제작 과정을 획기적으로 단축하고 있다.

예를 들어 생성적 적대 신경망, 디퓨전(Diffusion), 신경 방사 필드 기반 AI 모델은 고해상도 시각 콘텐츠를 자동 생성할 수 있으며, 사용자의 요구에 따라 다양한 스타일이나 테마로 실시간 전환이 가능하다. 또한 컴퓨터 생성 홀로그램 생성 과정에서도 AI는 연산 최적화 및 압축을 통해 생성 시간을 획기적으로 줄이고 있으며, AI 기반 자동 배경 제거, 조명 조정, 영상 보정 기능은 전문가가 아니더라도 고품질 홀로그램 콘텐츠를 손쉽게 만들 수 있도록 돕고 있다. 이처럼 AI는 제작 효율을 높이는 것을 넘어 콘텐츠 제작의 민주화를 촉진하고 있다.

시스템 복잡성과 사용자 접근성의 간극

현행 홀로그램 시스템은 고도화된 광학 부품, 레이저 광원, 정밀 제어 장비 등으로 구성되어 있어 일반 사용자가 쉽게 접근하기 어려운 고비용, 고복잡도의 시스템이다. 이러한 복잡성은 유지 관리의 어려움, 설치 공간의 제약, 사용자 교육의 필요성 등 실용적 문제를 야기하며, 결과적으로 일반 소비자 대상의 홀로그램 경험은 매우 제한적일 수밖에 없다. 따라서 홀로그램 기술은 여전히 특수한 환경에서만 활용되는 고급 기술로 인식되고 있으며, 일상적인 콘텐츠 소비 플랫폼으로 자리 잡기에는 장벽이 높은 상황이다.

이러한 문제를 해결하기 위해 AI 기반 시스템 간소화 및 자동화 기술이 활발히 개발되고 있다. 딥러닝 기반 광학 설계 자동화 기술은 사용자 입력만으로 최적의 디스플레이 구성을 계산하고 적용할 수 있으며, AI 기반 셀프 튜닝 알고리즘은 광원 강도, 투사 각도, 해상도 등을 자동으로 조절해 최적화된 영상 품질을 유지한다. 또한 사용자 맞춤형 인터페이스 설정 기능은 사용자의 선호도, 환경 조도, 거리 정보 등을 분석해 자동으로 UI 요소를 조절하며, 클라우드 기반 홀로그램 스트리밍은 복잡한 연산 과정을 서버 단에서 처리함으로써 단말기에서는 단순히 시청만 하면 되는 경량화된 사용 환경을 제공한다. 모바일 연동 기능도 강화되어 스마트폰, 태블릿 등으로도 홀로그램 콘텐츠를 손쉽게 접할 수 있게 되었다.

이처럼 AI는 시스템의 복잡성을 줄이고 사용자 접근성을 향상함으로써 홀로그램 기술이 특정 전문가나 산업계에 국한되지 않고 일반 사용자까지 포함하는 포괄적 플랫폼으로 확장되는 데 중요한 역할을 수행하고 있다. 이는 홀로그램 기술의 대중화에 결정적으로 기여하며,

사용자 중심 콘텐츠 환경으로의 진화를 가능하게 한다.

참고문헌

de Campos, T. P. et al.(2024). Evaluating Usability and UX in Touchable Holographic Solutions. *International Journal of Human-Computer Interaction, 41*(12), pp.7884-7904. https://doi.org/10.1080/10447318.2024.2400755

Haleem, A. et al.(2020). Holography applications toward medical field: An overview. *Indian Journal of Radiology and Imaging, 30*(3), pp.354-361. https://doi.org/10.4103/ijri.IJRI_39_20

Lee, C. et al.(2020). Development of Real-Time Hand Gesture Recognition for Tabletop Holographic Display Interaction Using Azure Kinect. *Sensors, 20*(16). https://doi.org/10.3390/s20164566

Rymov, D. A. et al.(2025). 3D-CGH-Net: Customizable 3D-hologram generation via deep learning. *Optics & Lasers in Engineering, 184*(1).

Shi, L. et al.(2021). Towards real-time photorealistic 3D holography with deep neural networks. *Nature, 591*(7849), pp.234-239.

10
홀로그램의 미래

홀로그램과 AI의 융합으로 가능해질 개인 맞춤형 콘텐츠, 공간 기반 인터페이스, 디지털 휴먼 등 미래 기술 방향을 소개한다.

종교와 AI?

AI와 융합된 초개인화 콘텐츠의 시대

앞으로의 홀로그램 기술은 단순히 눈앞에 3차원 이미지를 띄우는 것을 넘어, AI와 결합해 초개인화된 콘텐츠 경험을 제공하는 방향으로 진화할 것이다. 사용자 각각의 감정, 취향, 과거 행동 데이터를 분석한 AI는 사용자가 원하는 콘텐츠를 예측해 그 순간의 상황에 맞는 홀로그램을 실시간으로 생성하고 제안할 수 있다. 예를 들어 사용자의 스트레스 지수가 높을 경우 휴식을 유도하는 힐링 콘텐츠를 공중에 띄우거나, 어린이의 학습 패턴에 따라 개인 맞춤형 3D 교육 콘텐츠를 실시간 생성해 제공할 수 있다.

이러한 초개인화 콘텐츠는 단순한 시청각 효과를 넘어 사용자의 삶 속에 깊숙이 스며드는 방식으로 제공될 것이다. 예를 들어 사용자의 일상 루틴을 학습한 AI가 아침에는 건강 정보를, 저녁에는 휴식에 적합한 시각 콘텐츠를 제공하는 식이다. 더 나아가 가족 구성원 각각의 취향과 필요를 반영해 거실 공간에 서로 다른 홀로그램 콘텐츠를 동시에 띄우는 멀티 모드 환경도 구현 가능해질 것이다. 이러한 기술은 감정 인식 AI, 음성 및 동작 인식 알고리즘, 개인 데이터 분석을 기반으로 구현될 것이며, 특히 컴퓨터 생성 홀로그램의 실시간 렌더링 기술이 발전하면서 더욱 정교해질 전망이다. 향후에는 공간 전체가 사용자 맞춤형 정보와 오브젝트로 가득 찬 인터페이스가 되고, 이는 몰입형 스마트홈, AI 기반 교육 공간, 감정 반응형 콘텐츠 시스템 등으로 구체화될 것이다. 사용자 경험은 수동적 소비에서 능동적 참여로 전환될 것이며, 이는 개인의 삶의 질 향상으로 이어질 것이다.

디지털 트윈과 공간 기반 인터페이스의 확장

홀로그램은 실제 공간의 디지털 복제본인 디지털 트윈과 결합되며 산업 전반에 새로운 인터페이스로 자리 잡을 전망이다. 도시 전체를 디지털로 복제해 실시간으로 변화하는 데이터를 시각화하거나, 공장이나 병원의 운영 상태를 입체적으로 표현해 직관적이고 효율적인 관리가 가능해진다. 이러한 디지털 트윈 기반 홀로그램은 증강현실 글래스, 공간 센서, 실시간 데이터 피드와 연결되어 현실과 가상의 경계를 허문 새로운 업무 환경을 창출할 수 있다.

앞으로의 디지털 트윈 기반 홀로그램 시스템은 단순한 시각화 도구가 아니라 공간 내 모든 요소와 실시간 상호작용이 가능한 동적 인터페이스로 발전할 것이다. 예를 들어 스마트 팩토리에서는 기계의 상태, 생산량, 에너지 사용량 등을 입체적으로 투사해 현장 관리자나 AI 운영 시스템이 즉시 의사결정을 내릴 수 있게 하고, 병원에서는 환자의 건강 상태, 치료 이력, 실시간 바이탈 정보를 3D 홀로그램으로 표현해 더욱 빠르고 정확한 의료 조치를 가능하게 할 것이다. 특히 스마트 시티, 물류, 군사, 재난 대응 등 공간적 맥락과 시간의 흐름이 중요한 분야에서 이 기술이 핵심 역할을 할 것이다. 여기서 AI는 공간 데이터의 연산과 예측을 담당하며, 홀로그램은 그 결과를 직관적이고 상호작용 가능한 형태로 사용자에게 전달하는 창구가 될 것이다. 이는 향후 사용자가 정보를 '읽는' 방식에서 '공간적으로 체험하는' 방식으로의 전환을 이끌며, 궁극적으로는 현실 세계 전체를 인터페이스화하는 미래 기술 환경으로 이어질 것이다. 이러한 변화는 공간 개념 자체의 확장을 의미하며, 물리적 공간과 디지털 공간이 긴밀하게 융합된 새로운 현실 인식 체계를 만들어 낼 것이다.

사회적 소통과 존재감을 확장하는 디지털 인간의 등장

미래의 홀로그램 기술은 인간의 사회적 상호작용을 확대하고, 디지털 공간에서도 '존재감'을 전달하는 새로운 커뮤니케이션의 장을 열 것이다. AI가 탑재된 디지털 휴먼은 단순한 그래픽 아바타를 넘어 감정을 인식하고, 대화하고, 반응하는 가상의 존재로 진화할 것이다. 이들은 홀로그램 형태로 현실 공간에 등장해 사람들과 마주 보면서 소통할 수 있으며 상담, 교육, 서비스, 동행 등의 역할을 수행하게 된다.

이러한 디지털 휴먼은 AI 기술의 발전과 함께 점차 자연스러운 언어 처리 능력, 비언어적 커뮤니케이션 능력, 문화적 맥락을 이해하는 능력까지 갖추게 될 것이다. 예를 들어 노년층을 위한 동반자형 AI 홀로그램은 단순한 대화 이상의 감정적 공감과 일상적 상호작용을 제공할 수 있으며, 외국어 학습을 위한 대화형 튜터는 사용자의 실력과 관심 분야에 따라 대화를 맞춤 조절하며 학습 효과를 극대화할 수 있다. 기업의 프런트 서비스 담당자는 고객의 표정, 음성 톤, 언어 선택 등을 인식해 상황에 적합한 응대를 제공할 수 있다. AI는 이들의 언어 이해력, 감정 공감 능력, 상황 적응력을 강화하며, 홀로그램 기술은 시각적 현실감을 더해 '실제 사람과의 대면'에 가까운 상호작용을 실현한다. 이는 디지털 사회에서 인간 간 정서적 거리감을 좁히고, 심리적 고립을 해소하는 새로운 방향을 제시할 것이다. 더 나아가 디지털 휴먼은 개인적 커뮤니케이션뿐 아니라 기업 교육, 고객 대응, 원격 의료 등 사회 전반의 서비스 영역에서도 혁신을 가져올 수 있으며, 사람과 기계 사이 경계를 허무는 새로운 문화적 패러다임을 형성할 것이다. 결국 미래의 홀로그램은 AI와의 결합을 통해 정보 전달 기술을 넘어 존재감, 감성, 소통이 중심이 되는 디지털 환경의 중심축으로 자리매김할 것으로 예상된다. 이러한 기술은 사람들의 삶의 방식을 바꾸고, 인간 중심의 기술로 진화해 나갈 것이다. 미래는 단순히 정보가 전달되는 환경이 아니라 디지털 존재들과 공존하며 살아가는 새로운 사회적 생태계로 나아갈 것이다.

참고문헌

황이환(2025). "실감콘텐츠 시대, AI의 자유도는 높아졌지만… 몰입의 천장은 하드웨어가 정한다". 투데이신문. https://www.ntoday.co.kr/news/articleView.html?idxno=118509

Alsamhi, S. H. et al.(2025). Transforming digital interaction: Integrating immersive holographic communication with metaverse technology. *Computers in Human Behavior Reports, 18.* https://www.sciencedirect.com/science/article/pii/S245195882500020X

Gentet, P. et al.(2024). From Text to Hologram: Creation of

High-Quality Holographic Stereograms Using Artificial Intelligence. *Photonics, 11*(9). https://www.mdpi.com/2304-6732/11/9/787

Markova, T.(2024.5.7). Hologram & AI Fusion: The Rise of Holographic AI Avatars. RAVATAR Blog. https://ravatar.com/hologram-holographic-ai-avatars/

Park, C.(2023.1.20). A Holographic Dashboard: How Digital Twins Can Improve Facility Operations. APPA Facilities Manager. https://www.appa.org/facilities-manager/january-february-2023/a-holographic-dashboard-how-digital-twins-can-improve-facility-operations

이승현

홀로그램 및 실감형 미디어 기술 분야를 선도하는 연구자이자 교육자다. 광운대학교 전자공학과에서 학사 및 석박사 학위를 취득했다. 국제 학술 및 표준화 활동에도 적극적으로 참여하고 있다. SPIE Photonics West 운영위원, 국제홀로그램제조자협회(ISDH) 이사, ISO TC172/SC9/WG7(Holography) 전문위원 등으로 활동 중이며, 산업 현장에 AI와 홀로그램을 융합한 플랫폼 상용화에 앞장서고 있다. 또한 한국메타버스산업협회 이사, 홀로그램포럼 의장 등 다양한 산학 협력 기구에서도 활동하고 있다. 현재 실감콘텐츠단말 ITRC 센터장으로서 석박사 연구인력을 양성하고 있다. 주요 연구 분야는 딥러닝 기반 CGH 가속, AI 기반 실감형 UX 설계, 디지털 트윈용 홀로그램 인터페이스, 디지털 휴먼 콘텐츠 제작이며, AI와 홀로그램의 융합을 통해 몰입형 콘텐츠와 사용자 중심 인터페이스의 미래를 선도하는 데 주력하고 있다.

황이환

광운대학교 디스플레이공학 박사 학위를 취득했으며, 박사 과정 동안 홀로그램 영상 생성 알고리즘과 디지털 디스플레이 기술을 심층 연구했다. 한국전자기술연구원 홀로그램센터 연구원으로 있던 시절 실시간 홀로그램 디스플레이 최적화와 표준화 프로젝트를 주도하며 다수의 기술 보고서와 논문을 발표했다. 광운대학교 실감융합콘텐츠학과 전임교수로 임용된 이후 AI 기반 실감형 미디어 기술과 메타버스 인터랙션 연구를 핵심 과제로 삼아 교육과 연구를 병행하고 있다. 국제표준화기구 IEEE2888 홀로그램분과의 간사로서 글로벌 홀로그램 표준 제정 작업에 참여하고 있으며, AI 홀로그래픽 콘텐츠 설루션 전문기업 '옵틱믹스'를 설립해 대표이사로서 산업 현장에 AI·홀로그램 융합 플랫폼을 상용화하는 데 앞장서고 있다.